D1665633

Felizitas von Schönborn
Eugen Drewermann

Felizitas von Schönborn

Eugen Drewermann
Rebell oder Prophet?

Der unbequeme Theologe
im Gespräch mit der Autorin

edition q

Das Buch erschien erstmals 1995 im Verlag Ullstein, Frankfurt am Main/Berlin. In die vorliegende aktualisierte Neuausgabe hat die Autorin zusätzlich einen Interviewtext aufgenommen (Erstes Gespräch), dessen Erstdruck unter dem Titel *Sind Propheten dieser Kirche ein Ärgernis?* 1991 im Pendo-Verlag, Zürich, erfolgte.

Bibliografische Information der Deutschen Bibliothek
Die Deutsche Bibliothek verzeichnet diese Publikation in der Deutschen Nationalbibliografie; detaillierte bibliografische Daten sind im Internet über http://dnb.ddb.de abrufbar.

Copyright © 2003 by edition q in der Quintessenz Verlags-GmbH, Berlin

Dieses Werk ist urheberrechtlich geschützt. Jede Verwertung außerhalb der engen Grenzen des Urheberrechtsgesetzes ist ohne Zustimmung des Verlages unzulässig und strafbar.
Das gilt insbesondere für Vervielfältigungen, Übersetzungen, Mikroverfilmungen und die Einspeicherung und Verarbeitung in elektronischen Geräten.

Coverentwurf: Barlo Fotografik, Berlin
Druck und Bindung: Ebner & Spiegel, Ulm
Printed in Germany

ISBN 3-86124-561-2

Inhalt

Vorwort zur Neuausgabe

Es ist jetzt mehr als ein Jahrzehnt her, seit der Paderborner Erzbischof Johannes Joachim Degenhardt dem streitbaren Theologen Eugen Drewermann am 8. Oktober 1991 die Lehrerlaubnis an der katholischen Hochschule Paderborn entzogen hat. Im Januar 1992 wurde Drewermann dann von Rom verboten, weiterhin im Namen der katholischen Kirche zu predigen, und im folgenden März schließlich suspendierte man ihn vollends vom Priesteramt. Es gab Momente in der heftigen und medienwirksamen Auseinandersetzung zwischen dem Kirchenrebellen und seinem Erzbischof, die an ein – leicht verändertes – Aperçu von Robert Musil gemahnten: Ohne Heiden kein Papst, ohne den Papst auch kein Luther, ohne Degenhardt kein Drewermann.

Auch wenn sich an den theologischen Positionen, die zu diesem Kirchenstreit führten, nichts Wesentliches geändert hat, für die Protagonisten ist die Zeit nicht stehen geblieben. Erzbischof Johannes Joachim Degenhardt ist im Januar 2001 von Papst Johannes Paul II., der ihm persönlichen nahe stand, zum Kardinal der Römischen Kirche berufen worden. Die Laudatoren unterstrichen einhellig Degenhardts Bescheidenheit und tiefe Frömmigkeit, seine Papsttreue und

7

konservative Grundhaltung; Eigenschaften die ihn zum „Angriffsziel für Reformkräfte" innerhalb der katholischen Kirche hatten werden lassen. Am 25. Juni 2002 ist er in Paderborn, im Alter von 76 Jahren, überraschend einem Herzversagen erlegen.

Wir erinnern uns: Begonnen hatte der Konflikt zwischen Drewermann und der römisch-katholischen Amtskirche, durch Degenhardt repräsentiert, im Jahr 1989 mit der Aufsehen erregenden Veröffentlichung des Buches *Kleriker – Psychogramm eines Ideals.* In dieser Schrift unternahm Drewermann unverhohlen einen 900 Seiten langen Versuch, die vielschichtigen „ekklesiologischen Neurosen" des Priesterstandes aufzudecken. Dazu machte er durch zahlreiche polemische Interviewäußerungen von sich reden, die zu revidieren er sich vehement weigerte. So postulierte er 1992 in einem Interview mit dem Magazin „Der Spiegel": „Jesus wollte diese Kirche nicht", stellte die kirchlichen Sakramente in Frage und distanzierte sich vom katholischen Verständnis des Kreuzestodes und der Auferstehung von Jesus Christus.

Die Jungfrauengeburt und die Weihnachtsgeschichte bezeichnete er als einen in religiöser Bildersprache erzählten Mythos. Zudem wies er darauf hin, dass etliche zentrale Stellen des Neuen Testaments keineswegs auf geschichtlichen Tatsachen fußten, sondern rein symbolische Erzählungen seien. „Wer die Bibel symbolisch deutet, findet einen Sinn. Wer sie wörtlich nimmt, führt Menschen zum Unglauben", verkündet er noch heute. Auch mit seinen Äußerungen zur Abtreibung und zur Wiederverheiratung von Geschiedenen erregte er das Missfallen der Glaubenshüter.

Dieses wiederholte Verlassen vorgeschriebener theologischer Pfade machte Eugen Drewermann in den Augen des Erzbischofs von Paderborn zu einem wenig verlässlichen Vermittler des überlieferten und verbürgten römisch-katholischen Glaubensgutes. Als Erzbischof Degenhardt trotz intensiver Gespräche und zahlreicher Briefwechsel „enttäuscht feststellen musste", dass Drewermann überhaupt keine Bereitschaft zeigte, die beanstandeten Aussagen zu widerrufen, leitete er kirchenrechtliche Schritte gegen den unbeugsamen Priester ein. Noch heute ist Eugen Drewermann davon überzeugt, dass er nicht wegen seiner theologischen Ansichten gerügt und schließlich suspendiert worden sei, sondern weil er es gewagt hätte, die Machtstruktur der Kirche in Frage zu stellen.

Bitter moniert der dissidente Theologe, man dürfe als Priester zwar Menschen aus Gotteshäusern vertreiben, theologischen Blödsinn reden, Kinder zeugen, aber niemals versuchen, „die Macht der Kirche zu gefährden. Dann geht es an den Priesterkragen." Die katholische Kirche habe „die Botschaft Jesu auf den Kopf gestellt". Die von Jesu gepredigte und praktizierte Befreiung sei durch ein „System der Angstvermittlung" verdrängt worden. Zu Recht hätte Freud schon im Jahre 1923 postuliert, dass die römische Kirche dem Militär ähnlich sei. In beiden Institutionen würden die Menschen durch Befehle „ausgerichtet": Die Kirche bediene sich dabei des „Tricks" einer Schuldigsprechung der Sexualität und einer Reglementierung der Liebe zwischen Mann und Frau. In dem kalten, lieblosen Klima dieser Kirche könne keine sinngebende Spiritualität gedeihen, die tiefe Schichten des Unbewussten erreiche.

Eugen Drewermann, der in Paderborn Theologie, in Münster Philosophie studiert und sich in Göttingen zum Psychoanalytiker (Neopsychoanalyse nach Schultz-Hencke) hatte ausbilden lassen, war angetreten, die Theologie mit der Psychotherapie zu verbinden. Er wollte die einengende Grenzen des seelenlosen Sprechens von Gott in der Theologie und des gottlosen psychoanalytischen Sprechens von der Seele des Menschen überwinden.

In seinem ersten, 1978 erschienenen dreibändigen Werk *Strukturen des Bösen* unternahm Drewermann den Versuch, die biblische Urgeschichte aus theologischer, philosophischer und psychoanalytischer Sicht zu deuten. Diese Arbeit wurde als Dissertations- und Habilitationsschrift anerkannt und dem Theologen die Lehrerlaubnis für systematische Theologie an der katholisch-theologischen Hochschule in Paderborn erteilt.

Durch seinen psychoanalytisch geprägten Ansatz erschien Drewermann nun die gesamte katholische Theologie bar jedes Wertes zu sein, da sie keine tragenden Antworten mehr auf die brennenden Fragen der heutigen Menschen zu geben vermöge. In dem dreibändigen Werk *Psychoanalyse und Moraltheologie* (1982-84) stellte er die „auf Angst und verinnerlichte Gewalt gründende" kirchliche Moraltheologie apodiktisch der befreienden psychoanalytischen Erfahrung gegenüber. Zu einem wesentlich versöhnlicheren Schluss gelangte da Kardinal König beim Psychotherapie-Weltkongress 1996 in Wien, wo Drewermann das Hauptreferat hielt. König konstatierte, dass die Religion von der Psychotherapie eine vertiefte und erweiterte Kenntnis von inneren Lebensvorgängen erlernen, die Psychotherapie hingegen von der Religion die Grenzen menschlichen Könnens und Heilens erfahren könne. Die Seele des Menschen sei ein weites, schwer ergründbares Land, dessen Größe und Schönheit sich erst im religiösen Glauben ganz erschlösse.

Eugen Drewermann hat sein persönliches Leben seit dem endgültigen Bruch mit der römisch-katholischen Kirche, nach seinen eigenen Worten, nicht wesentlich verändert. Die Gesamthochschule in Paderborn hat ihm einen Lehrauftrag für Soziologie und Kulturanthropologie erteilt. Nach wie vor schreibt er viele Bücher, wie sein neues mehrbändiges Werk *Glauben in Freiheit oder Wie zu leben wäre. Ansichten und Einsichten*, bringt Neuauflagen seiner älteren Werke heraus (etwa *Reden gegen den Krieg*) und schreibt zahlreiche Artikel (wie in der Weihnachtsausgabe 2002 des „Spiegel": „Strangulierte Liebe – Über Priesterkinder und Kirchenväter"). In seinen an die siebzig Büchern, die in fast drei Millionen Exemplaren verkauft worden sein sollen, setzt er sich mit einer ständig wachsenden Vielfalt von Themen auseinander. Da äußert er seine Ansichten zu Fragen der Psychologie, der Psychoanalyse, der Soziologie, der Sozialpsychologie, der Physik, der Biologie und der Chemie. Dazu gibt es u. a. neben zahlreichen Märcheninterpretationen auch Beiträge zu Hesse, Dostojewski und Goethe.

Oder: Drewermann führt als Theologe und Psychoanalytiker wöchentlich zwanzig (unentgeltliche) seelsorgerliche Einzelgespräche. In einem Paderborner Gymnasium zelebriert er einmal in der Woche Wortgottesdienste, wenn er sich nicht gerade auf einer seiner Vortragsreisen befindet. „Meine Vorträge sind manchmal wie Predigten. Da entsteht dann im Zuhörerkreis eine lebendige Gemeinschaft", stellt er bewegt fest. In den letzten zwanzig Jahren soll der gefragte Redner nicht weniger als 2.500 Vorträge in Deutschland, der Schweiz, in den Niederlanden, Österreich, Frankreich, aber auch in den USA und in Mexiko gehalten haben. Auch bei aktuellen politischen Diskussionen meldet er sich immer wieder zu Wort. So bezieht er in jüngster Zeit auch immer wieder gegen einen drohenden Irak-Krieg Stellung.

Eindringlich weist er darauf hin, dass sich das Los der Menschheit keinesfalls bessern würde, wenn durch einen neuen Kreuzzug für das „Gute" Hunderttausende durch High-Tech-Waffen ihr Leben verlören. Den pazifistischen Theologen erinnert die geradezu manichäisch anmutende Eindeutigkeit, mit der die USA zwischen einer Welt Gottes und einer teuflischen Welt unterschieden, an eben das fundamentalistische Gedankengut, das sie unschädlich machen wollten. Dabei bekümmert ihn besonders die Frage, welchen Beitrag die Religionen für die Erhaltung des Weltfriedens leisten könnten. Eugen Drewermann betont: „Gott sitzt nicht im Vatikan, er sitzt auch nicht bei der Kaaba in Mekka und er sitzt weder auf dem Tempelplatz von Jerusalem noch an der Klagemauer. Gott, wenn er existiert, ist die Macht einer Güte, die jedes Menschenleben trägt. So sollte die Religion wie eine Lingua Franca der Vereinigung der Menschen dienen."

Der „Katalysator" Eugen Drewermann bewegt die Menschen nach wie vor. Die Neuausgabe meiner Gespräche mit dem unbequemen theologischen Denker und Tiefenpsychologen versteht sich in diesem Sinne als Wegweisung zum besseren Verständnis des „Phänomens Drewermann".

Genf, Epiphanias 2002   Felizitas von Schönborn

Vorwort

Ende der achtziger Jahre war Eugen Drewermann plötzlich
in aller Munde. Man wusste zwar nicht genau warum, aber
er zog die Menschen an wie ein Magnet. Mit Büchern wie
Tiefenpsychologie und Exegese lag er im Trend der Zeit.
Immer häufiger war der „Priester wider die Angst" (wie ihn
seine Verlage herausstellten) am Bildschirm zu sehen. Mit
seiner Bildersprache gelang es ihm, die Vorstellungskraft und
die Gefühle zahlreicher Zuschauer zu bewegen. So fühlten
sich viele zum Beispiel durch die Schilderung seiner kindlichen Ängste auf fast hypnotische Weise in die eigene Kindheit zurückversetzt. Sie lauschten andächtig den Worten,
mit denen er vom kleinen Eugen erzählte, der in den Kriegs-
wirren einer „abgrundtiefen Orientierungslosigkeit"ausgeliefert gewesen sei. Die tröstenden Worte, die nun folgten,
waren wohl auch an den kleinen Knaben von damals gerichtet.
Ob in Deutschland, ob in Österreich oder in der Schweiz,
die Menschen strömten in Scharen herbei, um den „Priester
der Barmherzigkeit" in Fleisch und Blut zu erleben. Selbst
große Kirchenräume wurden da zu eng. Plötzlich fielen für
die andächtig Lauschenden die harten Zwänge des Alltags
ab, die mühsame Last, Verantwortung zu tragen, zu entscheiden, zu scheitern. In dieser entspannten Atmosphäre
kam vieles, das lange verdrängt gewesen war, wieder zum
Vorschein. „Die Erwachsenen sollen merken, wie viel an ungelebter Kindheit in ihnen liegt, und wie wenig sie groß sein

müssten, wenn sie nur ein bisschen gütiger mit sich selbst und den Menschen an ihrer Seite umgingen", verkündete Drewermann. Hier ist wohl das „Zauberwort der Suggestion" am Platz, wie Freud es nennt, mit dem der „Prediger der Gnade" meisterlich umzugehen weiß. Es gibt aber auch Psychologen, die gar von „intensiven Halluzinationen" sprechen.

Drewermanns Anhängerschaft setzt sich zum großen Teil aus Menschen zusammen, die sich in dieser rauen Welt nach Wärme und Verständnis sehnen. Für viele wird der Therapeut mit seinen poetischen Glücksverheißungen zu einer Identifikationsfigur „menschlichen Reifens", zu einem „geistigen Lebensgefährten", wie eine Leserin mir schrieb. Eine Bekannte, die ich 1990 an einem Novemberabend zu seinem Vortrag mit dem Titel „Kleriker – Psychogramm eines Standes" in die Zürcher Predigerkirche mitnahm, sollte mir später schreiben: „Für mich war die Begegnung mit Eugen Drewermann mein schönstes Weihnachtsgeschenk." Auch heute noch sprechen selbst manche seiner schärfsten Kritiker davon, wie sehr sie diese Auftritte Drewermanns damals beeindruckt haben.

Zu dieser Zeit entstand mein Gesprächsbüchlein mit Eugen Drewermann *Sind Propheten dieser Kirche ein Ärgernis?* (Erstes Gespräch). Auch ich war von seiner Rhetorik eingenommen, empfand den damals fast jünglingshaft wirkenden Priester als Betroffenen, als ernsthaften Sucher nach neuen Wegen. In seiner dichterischen Sprache malte er mir im Gespräch ein wahres Feuerwerk von Ideen, Bildern und Empfindungen. Er sprach von einer integralen Form von Religiosität, in der Bewusstes und Unbewusstes, Person und Natur, Individuum und Gesellschaft übereinstimmen, mit einem Wort: Himmel und Erde miteinander versöhnt werden sollten.

Er ließ mich an seinem Weltbild teilhaben: Da ging es um eine befreiende Synthese zwischen Fühlen und Denken,

14

zwischen Subjekt und Objekt. Der „israelitische Monotheismus" und die „plurale Welt mythischer Bilder" sollten
zueinander finden. Mit Hilfe der Tiefenpsychologie hoffte
er eine Brücke zwischen der christlichen Botschaft und der
inneren Bilderwelt zu schlagen, die ägyptische Religion neu
zu beleben. Zu seinen Anliegen zählte auch der geschwis-
terliche Umgang mit der Natur und den Tieren.
Viele Theologen hatten allerdings Mühe, Drewermann in
diesem Weltentwurf zu folgen: „Der christliche Glaube ist
kein ‚Spiel ohne Grenzen'; Drewermann hat eine ‚andere
Religion', die interessant sein mag und viele Menschen fasziniert. Es ist aber nicht der Glaube, den wir im Credo bekennen", sagte mir damals ein Theologe. Weil die „real exis-
tierende Kirche" von seinen Vorstellungen und Reform-
wünschen nichts wissen wollte, wurde der Reformator immer mehr zum Rebellen. Die Kirche habe aus dem Christentum eine offizielle Lehre gemacht, klagte er, die von einem unfehlbaren Lehramt und einer Hierarchie verwaltet
werde. Gott aber gehe unter all diesen „Vermittlungsinstanzen" verloren. Drewermann wollte Priester und Gläubige aus den starren Fängen dieser Institution befreien.
Ab 1992 dann, nach seiner Suspendierung vom Priesteramt,
wurde für den Pazifisten Drewermann die böse „Dogmen-
Kirche", der Hort „sadistischer Frömmigkeit", zum erklärten Feind. Einem Medienklischee zufolge kämpft seitdem
unermüdlich der „arme Mann" aus Paderborn, ein Einzelner, ohne Auto, Telefon und Kühlschrank, gegen den Papst,
das Oberhaupt einer „mächtigen und reichen Kirche". Und
wie ein Prophet fordert er die Gläubigen auf, für den „Untergang der Institution Kirche zu beten, damit Gott möglichst
bald anfangen kann, das, was er wirklich sagen möchte, in
die Herzen der Menschen zu schreiben."
Viele Christen stellen sich die berechtigte Frage, ob das
Christentum durch solche Angriffe wirklich von „falschen

Vorstellungen" gereinigt werden kann, oder nicht vielmehr die Wurzeln der christlichen Kultur zerstört werden. Manche fühlen sich an das Diktum von Karl Rahner erinnert, der befürchtete, Deutschland könne zu einem heidnischen Land mit christlichen Restbeständen werden. Drewermann geht es ohnehin in erster Linie um den einzelnen Menschen. „Ich möchte mit meiner Art zuzuhören und vor allem in meiner Art zu schreiben erreichen, dass den Menschen ihr eigenes Leben begegnet wie ein sich gestaltendes Werk von Dichtung, Malerei und Poesie", sagt er. Erdrückte Seelen sollen durch ein Amalgam aus Religion und Kunst, aus Therapie und Traum befreit und zu neuem Leben erweckt werden. Eine kritische Analyse, ein Hinterfragen dieser Phantasiewelt ist unerwünscht.

Nach der Veröffentlichung des genannten Buches trafen viele Leserbriefe bei mir ein, in denen man mich wissen ließ, ich sollte Eugen Drewermann einfach so stehen lassen, wie er sei: „In seiner ganzen Vielseitigkeit, in seiner inneren und äußeren Schönheit." Begegnen viele seiner Anhänger allen Verlautbarungen aus Rom kritisch und mit Misstrauen, so werden die Worte des Paderborners fraglos angenommen. Nach dem Motto: „Weil Drewermann es sagt, will ich es glauben."

Doch auch hier zeigt sich ein Widerspruch im Wesen Drewermanns: Er fordert zwar im Verhältnis zur katholischen Kirchen den mündigen Christen, aber wenn es um sein eigenes Werk geht, dann ist Kritik eher unerwünscht. So kam auch nie ein fruchtbarer wissenschaftlicher Dialog mit kritischen protestantischen Theologen zustande, die ihn ernst nehmen wollten und die bestimmt nicht unter der „Knute" Roms stehen. Der Erzbischof von Paderborn schrieb mir in einem Brief über Eugen Drewermann: „Wenn er selbst sich auch nicht mit einem Propheten wie Jeremia vergleichen will, so scheint mir doch, dass er heute eine ähnliche Funktion wahrnehmen möchte wie alttestamentliche Propheten. Mir scheint, dass dieser Hintergrund ihn hindert, Äußerungen, die er in der Öffentlichkeit gemacht hat, zurückzunehmen oder richtig zu stellen; denn dann würde er in der Öffentlichkeit als ‚falscher Prophet' gelten."

Eugen Drewermann selbst, der kein Blatt vor den Mund nimmt, wenn er die unliebsame „Beamtenkirche" kritisiert, reagiert auf kritische Äußerungen ziemlich empfindlich. Ein Kirchenkritiker, der selbst keine Kritik verträgt? So möchte man fragen. Auch ich habe das erlebt. Mein Versuch einer Analyse des „Phänomens Drewermann" erregte dessen Missfallen, obwohl er doch so gerne das schöne deutsche Volkslied zitiert: „Die Gedanken sind frei." Es traf ein merkwürdiger Leserbrief aus Paderborn bei mir ein. Von der Handschrift und vom Stil her konnte man fast den Eindruck gewinnen, er stamme von Drewermann selbst. Das Schreiben, in dem sich jemand empörte, Geld für mein Buch verschwendet zu haben, endete mit den Worten: „Man schämt sich für die Autorin."

Als ich Drewermann direkt fragte, wessen ich mich schämen sollte, erhielt ich nur die kryptische Antwort: „Wenn Sie das selbst nicht wissen, dann kann ich Ihnen auch nicht weiterhelfen." Bald teilte man mir mit, Eugen Drewermann stelle in seiner Verärgerung über das Buch neuerdings Honorar-Ansprüche an mich. Drewermann, dem doch überhaupt nichts am Geld liegen soll, wollte sich plötzlich für das Interview mit mir bezahlen lassen? Ich konnte das kaum glauben, aber es war so. Aus ethischen Gründen sei es für Journalisten wohl nicht nur in der Schweiz höchst unüblich, ihre Gesprächspartner auch noch zu bezahlen, schrieb ich nach Paderborn. Wie heißt es schon im Faust: „Nach Golde drängt, am Golde hängt doch alles."

Heute ist es stiller um den streitsüchtigen Theologen geworden. Er steht nicht mehr auf den Bestsellerlisten. Die

Fülle seiner Anregungen ist im grellen Medienwirbel fast in Vergessenheit geraten. Als „Katalysator" wird er in der geistig-religiösen Umbruchszeit wohl noch weiter wirken. Der Denker aus Paderborn hat vieles zu sagen. Es lohnt sich immer noch, sich mit ihm auseinander zusetzen, wie der Leser selbst feststellen wird.

Wenn Drewermann heute noch hin und wieder im Fernsehen erscheint, wirkt er stereotyp und wiederholt formelhaft die gleichen Dinge. Seine Vorträge sind zwar immer noch gut besucht, aber für die Öffentlichkeit ist sein Kampf mit Rom kein Spektakel mehr. Auch wenn sich die Kirchenaustritte mehren, so hat er die katholische Kirche doch nicht wirklich ins Wanken gebracht. Mit der Herzensfrömmigkeit, die er vorgab, haben seine beißenden Attacken immer weniger zu tun. Vielleicht ist er darin ein Spiegelbild unserer aus den Fugen geratenen Zeit, in der alle Werte in Frage gestellt werden und neue Strukturen noch nicht zu erkennen sind.

Mutig, fast tollkühn ist er angetreten, die gesamte Institution der Kirche herauszufordern und ihren Einsturz zu bewirken. Das ist ihm sichtlich nicht gelungen. Die Demut, die Bescheidenheit, auch seine eigenen Begrenzungen zu erkennen und anzunehmen, hat er nie besessen. Man wünscht ihm, dass er sie fände und sich die fröhliche Gelassenheit eines Angelus Silesius zum Vorbild nehme. Der cherubinische Wandersmann, der sich selbst wohl nicht so wichtig nahm, konnte von sich sagen:

„Ich bin, ich weiß nicht wer.
Ich komme, ich weiß nicht woher.
Ich gehe, ich weiß nicht wohin.
Mich wundert, dass ich so fröhlich bin."

Genf, im August 1995   Felizitas von Schönborn

I Das Phänomen Drewermann

Der theologische Geheimtipp

Eugen Drewermann, der abtrünnige Priester mit der hohen Stirn und den stahlblauen Augen, wird von seinen Anhängern als „Prophet und Reformator" gepriesen, seine Widersacher dagegen argwöhnen, er sei ein „Rebell und Glaubenszerstörer". Welch ein Wandel: 1973 machte der eifrige Seelsorger durch seinen Einsatz von sich reden, indem er aufbegehrende Studenten wieder für die Kirche gewinnen konnte. Jetzt erklärt er verbittert und lautstark: „Diese Kirche wollte Jesus nicht."

Das „Warten auf Drewermann" beim Katholikentag in Deutschland 1992 endete für Tausende – einige hatten die ganze Nacht ausgeharrt – vor dem Fernseher. Die Organisatoren wollten den Live-Auftritt des „Ketzers von Paderborn" nicht zum Großereignis werden lassen. Deshalb hatte man den „theologischen Schaukampf" zwischen dem umstrittenen Dissidenten und der gemäßigten katholischen Politikerin Hanna-Renate Laurien vor die Tore Karlsruhes verlegt – in die für den Riesenandrang viel zu kleine Badener Landeshalle. Die Diskussion wurde trotzdem zum Medienspektakel, zu einem der vielen Schlaglichter auf dem Weg dieses rätselhaften Mannes, der längst zu einem Phänomen in unserer Zeit des geistigen Umbruchs geworden ist. An seiner Person scheiden sich die Geister.

Was aus der Sicht des Vatikans zunächst wie eine Provinzposse aussah, ist inzwischen auch in die Nachbarländer und bis nach Amerika vorgedrungen. In Frankreich wird Drewermann heute als eine „Symbolfigur am Leiden der kirchlichen Hierarchie" zitiert. „Paris Match" nannte den Paderborner einen „Abtrünnigen, vor dem Rom zittern muss."[1] Bei den sinnenfreudigen Franzosen kommt er um so besser an, als er offen seine Sympathien für deren einstiges Sexidol Brigitte Bardot und ihren unermüdlichen Einsatz im Tierschutz bekundet.

Im einflussreichen amerikanischen Nachrichtenmagazin „Time" wurde der provokative Denker gar als „moderner Martin Luther" vorgestellt.[2] Und der italienische Theologe Cesare Marcheselli-Casale von der Päpstlichen Theologischen Fakultät Süditaliens empfiehlt in seinem Werk *Il caso Drewermann* seinen Landsleuten, mit „der Bibel auf der Couch" vom deutschen Dissidenten Drewermann zu lernen.[3] Schon 1982 geriet Drewermann über die Unauflöslichkeit der Ehe in Widerspruch zu seinen Vorgesetzten, die ihm daraufhin die Erlaubnis zur Fortbildung von Religionslehrern entzogen.

Mit seinem ersten großen Bucherfolg 1984 – einer tiefenpsychologischen Bibeldeutung – spitzte sich der Konflikt zwischen dem vormals gehorsamen Priester und seiner Amtskirche rasch zu. „Man liest in Rom ihre Bücher!" warnte 1986 der Paderborner Erzbischof Johannes Joachim Degenhardt den eigenwilligen Theologen. Bei der schweren Verständlichkeit dieser Schriften darf man allerdings annehmen, dass Drewermanns Werk mehr Käufer als Leser gefunden hat. In der achtziger Jahren merkte der Vatikan auf, als das dickleibige zweibändige Werk *Tiefenpsychologie und Exegese* eine wahre Kaufwelle auslöste. Zum wirklichen Ärgernis wurde 1989 sein nicht weniger umfangreiches Psychogramm über die „Kleriker"[4], von dem bis 1993 nicht weniger als 63.000 Exemplare verkauft worden waren.

Da wurde schonungslos das Bild einer unmenschlichen Institution entworfen mit ihren „zwangsläufig krank machenden Strukturen", einer Kirche, die sich nach Meinung Drewermanns selbst immer mehr in eine ausweglose Situation hineinmanövriere.

Bald arteten die Auseinandersetzungen zum modernen Kirchenkampf um die wahre Lehre aus. Der Ausgang ist bekannt: 1991 wurde dem „unbelehrbaren Irrlehrer" die kirchliche Lehrbefugnis als Privatdozent und zu Beginn des Jahres 1992 die Predigterlaubnis entzogen. Dazu erging noch ein Verbot, als Hilfsgeistlicher in der Paderborner Pfarrei St. Georg zu amtieren. Nun könnte Drewermann auch noch die Exkommunikation drohen. Heute lehrt er „kulturwissenschaftliche Anthropologie" im Fachbereich Soziologie an der Universität Paderborn.

In seinem Dekret vom 9. Januar 1992 schreibt Erzbischof Degenhardt: „Die Gründe für den Entzug der Predigtbefugnis sind die in Ihren Interviews seit Oktober 1991, besonders aber im ‚Spiegel'-Gespräch vom 23. 12. 1991 zum Ausdruck kommenden Abweichungen von der Glaubenslehre der katholischen Kirche über die Einsetzung der Sakramente, vor allem auch der Eucharistie und des Priestertums durch Jesus Christus, über das katholische Verständnis des Kreuzestodes Christi, über die Feier der Eucharistie und des priesterlichen Dienstes, über die Geburt Jesu aus der Jungfrau Maria (Jungfrauengeburt), über die Autorität der Kirche und der Bischöfe in Sachen des Glaubens und der Sitten sowie erneut über die sittliche Beurteilung der Abtreibung durch das kirchliche Lehramt."

Erfolgsautor und Medienstar

Auffallend ist die ungeheure Produktivität dieses „theologischen Konsalik" mit einer Themenpalette, die von „Der Krieg und das Christentum" bis zur psychologischen Deutung von Grimms Märchen reicht, wie Pater Basilius Streithofen feststellte.[5] Im Zeitalter des Computers für jedermann hat der Erfolgsautor Drewermann die meisten seiner Bücher in seiner feinen, fast ungelenken Handschrift geschrieben: jeden Tag vier Blatt. In jüngster Zeit scheint er sie aber auch aufs Band zu diktieren. Daraus sind inzwischen Zehntausende von Druckseiten und über eineinhalb Millionen verkaufte Exemplare geworden – Bücher, die nicht nur vom Inhalt, sondern auch vom Volumen (bis zu eineinhalb Kilogramm) wahrhaft „schwergewichtig" sind. Außerdem meldet er sich unermüdlich in zahllosen Zeitungs- und Rundfunkbeiträgen zu Wort, um seine Thesen zu verbreiten und unters Volk zu bringen. „Rezensenten haben keine Chance, Drewermann schreibt schneller", klagte die „Zeit".[6]

Nach Untersuchungen des „Spiegel" waren im Herbst 1992 bei zehn deutschsprachigen Verlagen 53 Drewermann-Titel sowie neun Nachdrucke und Sonderausgaben im Angebot.[7] Für das Gesamtwerk von 62 Drewermann-Büchern (19.986 Seiten) musste man damals 2.273,60 Mark zahlen. Dazu kamen noch elf Werke anderer Verfasser, die sich mit dem umstrittenen Theologen befassen. Bei der Zählung der Titel wird allerdings manchmal sehr großzügig vorgegangen, damit der zugkräftige Name Drewermann möglichst oft erscheint.

Für manchen Verleger war Drewermann mit seinen hohen Auflagen zu einem echten Renner geworden. Vieles fand sich trotz anspruchsvollen Inhaltes auf Bestsellerlisten. Man zerlegte die dickleibigen Werke in kleinere Tranchen und brachte sie als Neuerscheinung auf den Markt. Manche Verlage übergingen in ihren Verzeichnissen dabei gerne die eigentlichen Autoren, um auch einen „Drewermann" anbieten zu können – wie zum Beispiel meinen Namen beim Büchlein *Sind Propheten dieser Kirche ein Ärgernis?*.

Heute ist der Drewermann-Boom weitgehend abgeklungen. Verlagshäuser, die sich auf Drewermann spezialisiert hatten und sich früher fast um jeden neuen Titel rissen, klagen über einen Absatzschwund seiner Bücher. Der Zeittrend sucht eben immer nach Neuem. Erst die Zukunft wird zeigen, was vom vielbändigen Drewermann-Werk auch weiterhin Bestand haben wird.

Man schätzt Drewermanns Honorareinnahmen bereits auf mindestens fünf Millionen Mark. Nach eigenen Angaben verwendet er seine Tantiemen hauptsächlich für wohltätige Zwecke: für ein Tierheim in Paderborn, für Schwester Emmanuelle in Kairo „und solche Dinge", wie er sagt. Drewermanns Bücher bringen in der Tat mehr ein, als manch bedeutendes Werk großer Denker der Geistesgeschichte. Der von ihm gern zitierte Arthur Schopenhauer etwa erhielt einst für seine berühmten *Aphorismen zur Lebensweisheit* als Honorar ganze zehn Freiexemplare!

Ob bei Fernsehauftritten, ob im überfüllten Auditorium Maximum, der populäre Redner schlägt die Massen in seinen Bann. Jeden Sonntag predigen fünfzehntausend Priester in Deutschland vor ziemlich leeren Kirchen. Wo immer aber der „Prediger wider die Angst" im Pullover erscheint, füllen sich die Säle. Wenn er sich mit seinem leicht schleppenden Gang ans Rednerpult begibt, wirkt er zunächst fast schüchtern. Doch bereits nach den ersten Sätzen sind die Zuhörer wie betört.

Seine Vorträge beginnt er mit Sätzen wie: „Ich danke Ihnen, dass Sie zu einer Veranstaltung gekommen sind, die das Zentrum der gesamten christlichen Botschaft berührt. Es wird nicht gelingen, durch Ausgrenzung den wichtigsten Bestand der Botschaft Jesu an der Kirchentür draußen zu lassen. An diesem Abend jedenfalls sind Sie die Gemeinde, nach der ich auf der Suche bin." Seit Drewermann nicht mehr in sakralen Räumen predigen darf – so lässt er seine Hörerschaft wissen –, ist auch der Kern des Glaubensguts aus der Kirche ausgewandert. Ohne sich je zu versprechen, deklamiert der Vielbelesene aus dem Gedächtnis ellenlange Passagen aus Theaterstücken, Märchen oder mythologischen Texten – als würde er wie ein Fernsehansager von einem für die Zuschauer unsichtbaren Text ablesen. Wie in Trance lauscht die meist weibliche Hörerschaft seinem „rhetorischen Zauber". Drewermann versteht es, sein Publikum zu fesseln.

Im Spätherbst 1992 war davon die Rede, dass der Kirchenrebell demnächst in einer eigenen Fernsehreihe bei RTL einmal im Monat ein großes Publikum ansprechen und sogar mit den Gästen diskutieren sollte. Der „neue Martin Luther" auf dem Bildschirm als theologischer Entertainer? möchte man fragen. In der Schweiz konnte man sich „Drewermann-Texte" zeitweise auch am Telefon anhören. Seine Auftritte wie seine Bücher entsprechen der Stimmungslage vieler suchender Zeitgenossen, besonders aber der Frauen. Drewermann lässt sie wissen, dass „der Archetyp der Frau" Gott verwandter sei als das Prinzip des Männlichen. Das dürfte ihm auf Jahre hinaus seine Bedeutung sichern. Mitte 1992 standen beim Paderborner Streitfall nach einer „Spiegel"-Umfrage rund 58 Prozent auf der Seite Drewermanns. Erzbischof Degenhardt, dem Vertreter der offiziellen Kirche, gaben dagegen nur 38 Prozent recht.[8]

„Die Sprache ist sein Werkzeug", meint die „Frankfurter Allgemeine Zeitung". „Er vermag zu heilen wie mit einer guten Salbe, Tränen zu trocknen wie mit einem weichen Tuch. Er benutzt sie aber auch wie ein scharfes Schwert in Argument, Analyse, vor allem in Polemik und Kritik an der

Kirche."[9] Seine leise monotone Stimme – die er, wenn nötig, metallen und zornig werden lässt – ist zu seinem Markenzeichen geworden. Er ist angetreten, „der Frau und dem Mann auf der Straße die einfache Sprache des Christentums zurückzugeben". Er erhebt den Anspruch, „den Menschen, der das Wagnis eines eigenen Lebens nicht eingehen will, zu sich selbst und zu Gott zu begleiten. Die Theologie wurde in eine Verwaltungsbürokratie verwandelt, die sich an die Stelle Gottes setzt, und die Macht geht ihr vor der Wahrheit."[10] Der Jesuit Josef Sudbrack meint, Drewermanns Erfolg zeige, dass er nahe beim Menschen sei. Denn es gelänge ihm, trotz hoher theologischer Spekulationen die Menschen anzusprechen.[11]

Nach Drewermann ist die Sprache für die Kirche zum Selbstzweck geworden. Da sie von den Gläubigen nicht mehr verstanden werde, helfe sie auch niemandem. So wisse die Kirche mehr über Gott als über den Menschen. Dann stünden Eltern vor der Wahl, ihre Kinder in die Kirche zu zwingen oder zu hoffen, dass Gott von selbst in die Herzen der Kinder spricht.

Drewermann nimmt sich die Freiheit, den Glauben so auszudrücken, dass er die Gefühle anspricht und damit für die Menschen zur echten Lebenshilfe wird. Wer aber ein wirklich ergreifendes Wort innerhalb der Kirche zu sagen wage, gerate sofort in Verdacht, nicht mehr katholisch zu sein, weil sein Wort nicht mehr mit der Sprache der ersten Konzilien übereinstimme.

Der Jude Jesus hätte bestimmt nicht verstanden, was die Theologen mit der Trinität ausdrücken wollten. Drewermann deutet die Gottessohnschaft, die Jungfrauengeburt Jesu, den Kreuzestod und die Auferstehung auf seine Weise. „Man muss von der Psychoanalyse wirklich nichts gelernt haben, um nicht zu sehen, wie stark ödipal diese Theologie von Gehorsam, Leiden, Opfer, Sünde und Tod allein schon durch die Vaterambivalenz geprägt ist."[12] Es verwundert nicht, dass auch die evangelische Kirche mit Nachdruck darauf hinweist, Drewermann stelle auch zentrale reformatorische Glaubenswahrheiten in Frage.

Der Anwalt der Sprachlosen

Drewermann will sich offensichtlich zum Sprachrohr für den Einzelnen machen. Beim Kirchentag in Karlsruhe überbringt er die Botschaft eines Taxichauffeurs, „denen da oben gehörig die Meinung zu sagen". Körbeweise erhält er Briefe von „Menschen, deren Rechtschreibung oft zu wünschen übrig lässt, deren Ausbildung oft minimal ist und von denen, obwohl ich glaube, ziemlich kompliziert zu schreiben, ich mich gut verstanden fühle."[13] Da schreibt einer, der Drewermann erlebt hat: „Nicht wir waren krank, pervers, dumm oder unmoralisch. Das waren vielmehr die Zensurschranken der Kirche."[14] Ein anderer meint, eine Kaste halte den Schlüssel zum Himmelreich in Händen, um den kleinen Leuten immer neue Lasten aufzubürden.
So schreibt auch Felicitas Rohrer vom Drewermann-Solidaritätskreis Schweiz: „Das Werk Drewermanns verhilft unzähligen Menschen in der Schweiz und anderswo zu einem befreienden Glauben. … Eugen Drewermanns Sein und Wirken bedeutet vielen Menschen Brot. … Würde Jesus heute auch aus der Kirche ausgegrenzt?" Und: „Was unzählige Menschen durch Drewermann als Befreiung und Weite erfahren, gibt mir die Kraft, mich in keiner Weise einschüchtern zu lassen. Allerdings überlege ich mir ernstlich, ob ich unsere Kinder dieser Kirche weiterhin anvertrauen kann."[15] In der „Welt" meint ein Leser: „Viele Äußerungen des Theologen E. D. sind mir aus der Seele gesprochen

– und ich kann nur hoffen, dass dieser Hilferuf eines Katholiken erhört wird…"[16]
Seit seiner Suspendierung, seiner Amtsenthebung durch die Kirche, hat der Starrummel um Drewermann erst richtig begonnen, und die Medien gehen voll mit. In ganz Deutschland strömen seine „Jünger" zu Zehntausenden in die schon lange im voraus ausverkauften Vorträge. Viele hoffen, in unserer „Eiszeit der Gefühle" bei Drewermann Ermutigung und Wärme zu finden. Dankbar schenken seine Fans dem verehrten Tröster nach seinen Auftritten Rosen, bitten um ein Autogramm. Der Plakataufwand, der im Herbst 1992 bei seinem Auftritt in München betrieben wurde, erinnerte manchen an die spektakulären Michael-Jackson-Konzerte. Da ihm im katholischen Süddeutschland die meisten Kirchen nun als Vortragsort verschlossen bleiben, weicht Drewermann auch in Bierzelte aus. Seine Vorträge werden auf Tonkassetten aufgenommen und sind für 20 Mark zu haben, um in den eigenen vier Wänden in dunklen Stunden Lebenskraft aus seinen Predigten ziehen zu können.
Drewermanns Anhänger sind eine bunt gewürfelte Schar. Die Fama geht, dass manche Fans Hunderte von Kilometern reisen, um ihrem Idol persönlich zu begegnen, einige würden ihm sogar bei seinen ungezählten Auftritten von Ort zu Ort nachfolgen. Zweimal im Jahr informiert Veronika Schumacher, die Sprecherin des Drewermann-Solidaritätskreises Paderborn, Tausende von Interessierten über die nächsten Schritte des abtrünnigen Theologen. Hier wurden auch 24.000 Unterschriften gegen die Drewermann-Sanktionen gesammelt. Von der Stimmung in der Kirche „von unten" zeugt ein Flugblatt, das in Paderborn verteilt wurde: „Bischof! Jesus geht einen anderen Weg! Darum werden wir dir nicht mehr folgen!" Ende 1992 kommen immer noch um die 500 Leute zu den wöchentlichen Wortgottesdiensten in der Aula des Goerdeler-Gymnasiums in Paderborn.

David und Goliath

Drewermanns großer Widerhall in der breiten Öffentlichkeit lässt keinen Zweifel daran, dass er mit seinem publikumswirksamen Äußerungen den Nerv der Zeit getroffen hat. Er lebt von „Antikräften".[17] Er reitet auf der Woge eines Antiklerikalismus, der heute in den unterschiedlichsten Gruppen zu finden ist: „Die Kirche gleicht der letzten Besenkammer, die voll ist von Gespenstern und seelischem Durcheinander", sagt er in einem „Zeit"-Interview. Immer wieder applaudiert man lautstark, wenn er seine Attacken gegen die „entmenschlichte Kirchenbürokratie" führt, und man zeigt sich empört darüber, wie die „Maulkorbkirche" ihren Herausforderer mundtot zu machen sucht. „An David und Goliath, an dem archetypischen Kampf zwischen Vater und Sohn hat die Menge allemal Gefallen. Denn es besteht ja die Möglichkeit, dass wider Erwarten auch einmal David siegen wird", sagt er selbst im Gespräch mit der Verfasserin.

Für Drewermann ergibt sich die „christliche Revolution" aus der Entdeckung, wie wenig Menschen durch eine äußere Ordnung getragen werden. Hier bewegt er sich im Zeittrend, denn seit der Achtundsechziger-Bewegung ist die individuelle Freiheit zum Ziel und die antiautoritäre Haltung zur Norm geworden. Nun beschäftigt man sich zunehmend mit der eigenen Persönlichkeit, möchte bei dieser „Nabelschau" von den Moralvorstellungen der Kirche nichts mehr wissen und über die eigene Freizeit bestimmen. Darüber ist es zur Konfrontation mit der stark in Ritualen verwurzelten katholischen Kirche gekommen. Der Sonntag und kirchliche Feiertage verlieren ständig an Bedeutung, und zum Gottesdienst gehen fast nur mehr Frauen, die allerdings in der Kirche nichts zu sagen haben.

Als Wegweiser in einer verwirrend komplizierten Welt präsentiert sich „Deutschlands umstrittenster Katholik" in der „Bild"-Zeitung. „Ich erklär' dir Gott", heißt es da vom theologischen „Direktvermarkter". Es geht um Themen wie: „Gott und die Abtreibung", „Die Kirchensteuer" und „Die Liebe vor der Hochzeit".[18] Zwischen dem verängstigten Gläubigen „unten" und der mächtigen Institution Kirche „oben" besteht eine tiefe Kluft. „Wir brauchen die Kraft, den ewigen Lügen der Mächtigen zu widersprechen und eine glühende Ungeduld, ihren endlosen Ausreden ins Wort zu fallen", schreibt Drewermann. „Denn die Welt brennt. Buchstäblich und bildlich."

Die Kirche unterstütze ihre eigenen Zeitungen mit Millionen. Ihre Sprache aber sei „nur für Eingeweihte" verständlich. Nicht ein einziges Problem unserer Teenager ließe sich in diesem „Kirchendeutsch" noch besprechen und lösen. Es fehlten Gefühl, Vertrauen, Poesie, klagt Drewermann. Die Menschen brauchten eine Erlösung von alltäglichen Ängsten und Traurigkeiten: „Ich habe nie gelernt, selber zu leben. Das ist es, was ich heute möchte: endlich selber leben", zitiert er eine Frau.

Immer wieder wendet er sich als „Anwalt der Sprachlosen" gegen eine katholische Moraldoktrin „ohne Zwischentöne". Gerade weil er sich von der rigorosen kirchlichen Haltung zur Pille, zur Priesterehe, zur Teilnahme der nur standesamtlich Wiederverheirateten an den Sakramenten distanziert, findet er bei den Unzufriedenen große Zustimmung. Mit seinen kontroversen – und oft missverstandenen – Äußerungen zur Diskussion um den Paragraphen 218 (Durch Abtreibung dem Leben dienen) gab er der Kirchenleitung ein zusätzliches Argument, ihn zu suspendieren.

Aber es gibt auch kritische Reaktionen. So bemängeln manche Zuhörer den übertriebenen Pathos des emotionalen Predigers und glauben sich an eine pietistische Erweckungsbewegung erinnert. Pater Leppich, der „Vagabund Gottes", bescheinigte dem Querdenker Drewermann zwar seinen Einsatz für die Alltagssorgen der Menschen, hält ihn im übrigen aber für einen ausgesprochen „langweiligen Redner". Welch gegensätzliche Reaktionen! Die offizielle Kirche hält Drewermann entrüstet entgegen, dass er mit seiner Botschaft die suchenden Menschen zu einem „normlosen Leben" (Befreit euch von allen Zwängen) aufrufe und der hedonistischen, schnelllebigen und oft verantwortungslosen Lebenshaltung unserer Zeit das Wort rede. Disziplin und Durchhaltevermögen, ohne die kein Reifeprozess zustande komme, würden hier so gut wie ausgeklammert. Die beiden protestantischen Theologen Uwe Birnstein und Klaus-Peter Lehmann gehen in ihrer Schrift *Phänomen Drewermann* mit dem Paderborner streng ins Gericht: „Sein Mythenmix hat nichts mit kirchlicher Erneuerung zu tun. Seine Theologie ist esoterische Menschenfischerei auf dem Grund vager religiöser und seelischer Bedürfnisse eines der Kirche innerlich entfremdeten und mit ihr hadernden Publikums."[19]

Ausflüge in die Tagespolitik

Drewermann profiliert sich schließlich mit markanten, meist recht einseitigen Stellungnahmen zur Tagespolitik. Rüstung und Militär sind ihm ein Dorn im Auge. Der Kirche kann er ihre Haltung vom Jahr 1956 zur Aufrüstung der deutschen Bundeswehr nicht verzeihen. Damals sei unter dem „„Marschbefehl" des kirchlichen Machtapparates eine geistige Elite zusammengebrochen. Man habe Jesuiten in den Bundestag geschickt, die erklärten, kein Katholik dürfe sich in dieser Frage auf sein Gewissen berufen. „Für mich war es damals schrecklich zu hören, dass Pazifismus nur als Irrlehre mit der katholischen Kirche zusammengehen soll."[20]

Wenn es um Rüstung und Wehrdienst geht, beruft er sich auch auf Albert Schweitzer, den Pazifisten, Freund der Tiere, Lehrer eines universalen Mitleids mit allen Geschöpfen, Gegner aller Gewalt und Unmenschlichkeit. Schweitzer sei für ihn zum großen Wegweiser geworden, „zur befreienden Kraft jener Botschaft, die zum ersten Mal vor 2000 Jahren in den Dörfern von Galiläa begann und bis in unsere Tage hinein darauf wartet, wirklich gehört zu werden."[21] „Ich bejahe den Menschen. Also verneine ich den Krieg", meint Drewermann heute, als ob der Krieg eine vom Menschen unabhängige Gegebenheit wäre.

Aber auch ein massiver Antiamerikanismus kommt in Drewermanns politischem Denken immer wieder zum Vorschein: „Kein Land der Erde muss heute psychisch, sozial und politisch als derart gewalttätig, ja gewaltliebend gelten wie die Kultur, die in ihrem Selbstbewusstsein und Gehabe sich als durchaus vorbildlich, ja, als Hüterin der Weltordnung zu präsentieren sucht: die der USA." Da scheut er sich auch nicht vor abgegriffenen Klischees. Amerika lebe in einer „Keep-Smiling-Gesellschaft". Der Durchschnittsamerikaner sei unfähig zur „Traurigkeit", mitleidslos und gewalttätig.[22] Für Drewermann ist der „American way of life" nichts anderes als der Glaube an den Mammon als eine Verkörperung Gottes.

Seine Unterschrift unter den Gründungsaufruf zum umstrittenen „Komitee für Gerechtigkeit" in den neuen Bundesländern unter Führung des PDS-Vorsitzenden Gysi und des CDU-Politikers Diestel wurde in weiten Kreisen nicht verstanden oder auch als ein Zeichen politischer Naivität gewertet. Drewermann scheine in letzter Zeit aus der Rolle des kritischen Propheten in die Haut des politischen Ideologen zu gleiten, der nur noch die von ihm ausgelegte Wahrheit kenne und gelten lasse, beanstandete die unabhängige katholische Wochenzeitung „Furche" in Österreich. Schwer verständlich ist zum Beispiel, wenn er alle politischen Gebilde „dessen, was heute noch ‚Geschichte' heißt, als latent faschistoid" betrachtet und sich dabei auf ein Hitlerwort von 1937: „Weh dem, der schwach ist" bezieht.[23]

Hierher gehört auch sein utopischer Vorschlag, den längst verstaubten Rapacki-Plan von 1956, aus der Frühstadium des Kalten Krieges, wieder aufzugreifen. Der Außenminister des kommunistischen Polen plädierte damals für die Schaffung einer atomwaffenfreien Zone in Mitteleuropa. Sie sollte aus den beiden Teilen des gespaltenen Deutschland, aus der Tschechoslowakei und Polen bestehen. Drewermann meint heute, man solle diese drei Länder entmilitarisieren, um in Mitteleuropa eine Friedenszone entstehen zu lassen. Die dadurch eingesparten Staatsausgaben könne man für bessere Zwecke verwenden, um den Hunger in der Dritten Welt zu bekämpfen und die bedrohten Tropenwälder zu retten.

Derartige gutgemeinte, aber doch weitgehend weltfremde Vorstellungen in einer immer noch labilen und risikoreichen Weltlage hat die in Polen gebürtige Genfer Philosophin Jeanne Hersch treffend als „Engelhaftigkeit" bezeichnet, weil sie viel versprechen, aber völlig unrealistisch sind. Jeanne Hersch meint damit die idealistischen Weltverbesserungsvorschläge von Leuten, die keine Verantwortung tragen und daher auch keine Rücksicht auf die Grenzen des politisch Möglichen und Durchsetzbaren zu nehmen brauchen.[24] Auch hier, im politischen Bereich, bleibt der Rebell aus Ostwestfalen im tiefen Zwiespalt zwischen Idee und Wirklichkeit gefangen.

Was hat Eugen Drewermann aus seinem Paderborner Alltag herausgerissen und zu einem Phänomen werden lassen, dessen Wirkung weit über die Grenzen Deutschlands hinaus zu spüren ist? Er wollte als gehorsamer Priester seiner

Kirche dienen: „Ich möchte nichts anderes sein als ein priesterlicher Mensch, als Seelsorger in der katholischen Kirche."[25] Als ihm aber bewusst wurde, dass die Kirche gar nicht seinem Bild vom Christentum entsprach, wandelte er sich zu einem ihrer schärfsten Kritiker und Widersacher. Er begann seinen „Kampf gegen eine vorgefundene Religion aus glühender Liebe und Überzeugungstreue".[26] Bald wurde daraus ein intellektueller Frontalangriff gegen die Kirche, der sich zu fast unbeherrschter Aggression steigern kann. Heute sei die katholische Kirche zur „Reform durch Umgestaltung" nicht mehr in der Lage, höchstens zur „Einsicht durch Einsturz".[27]

Geistig-moralische Krise der Massengesellschaft

Drewermann ist ein Phänomen des „Zeitgeistes" und als solches wohl nur auf dem Hintergrund der geistig-moralischen Krise der modernen Massengesellschaft zu begreifen, einer Krise, die weit über den Katholizismus mit seinen Problemen und Fehlentwicklungen hinausgeht. Was aus der Sicht des Kirchenkritikers als spezifische Problematik der katholischen Kirche und ihres Klerus erscheinen will, spielt sich in Wirklichkeit doch schon lange in ähnlicher Weise im ganz anders gearteten protestantischen Raum ab – ohne Papst, Hierarchie, Zölibat und strenge Sexualmoral. Keine Religion, auch nicht der fundamentalistische Islam, hat bisher den Siegeszug des Geldes und des materialistischen Denkens in unserem monetären Zeitalter aufzuhalten vermocht.[28]
Wie Renate Köcher vom Institut für Demoskopie in Allensbach im Gespräch mit der Verfasserin darlegt, trifft die religiöse Krise in Deutschland mit ansteigenden Kirchenaustritten alle Konfessionen. Es sei überhaupt nicht mehr selbstverständlich, Mitglied einer Kirche zu sein. Allen

Christen fehle heute jedenfalls das „Selbstbewusstsein einer erleuchteten Minderheit", um sich in einem abweisenden Umfeld zu behaupten. Das Kernproblem liege also eher im Verlust an religiöser Substanz als nur in den internen Spannungen der katholischen Kirche. So haben in den letzten Jahrzehnten bedeutend mehr Protestanten als Katholiken die Kirche verlassen: 1980 waren es 66.438 Katholiken, aber 119.814 Protestanten; 1990 verzeichnete man bei den Katholiken 110.000 und bei den Protestanten 144.143 Austritte. Wer heute die römische Kirche als „repressives System" anprangere, wie es Drewermann tue, spreche „aus einer nach innen gerichteten Perspektive" und verkenne dabei die „Realitäten" dieser Kirche und ihren sinkenden Stellenwert in der modernen Gesellschaft. „Ich glaube, Kirchenaustritte sind in erster Linie auf eine Schwächung der religiösen Bindungen insgesamt zurückzuführen", meint Renate Köcher.

Vieles von dem, was heute in der Krise der Kirche manifest werde, so Köcher weiter, ist eine Nachwirkung des tiefen Umbruchs während der Jahre 1967 bis 1973. Schon im Jahre 1968 begann die große Welle der Kirchenaustritte. Rund 40 Prozent der bis dahin aktiven Christen haben sich in diesem Zeitraum von beiden Kirchen verabschiedet, betont die Allensbacher Forscherin. Heute steht die Kirche – und nicht nur die katholische – immer noch unter dieser Schockwirkung. Seit 1983 steigen bei beiden Konfessionen die Austritte kontinuierlich an. Wenn früher die Sexualität ein Tabu war, dann ist es heute die Religiosität. Man hat eine Scheu, über seinen Glauben zu sprechen. Auch engagierte Christen werden häufig in ihrem Selbstverständnis verunsichert und können kaum mehr an die eigene Sache glauben. Sie haben das Gefühl, „die letzte Nachhut" des Mittelalters zu sein, wie es Kardinal Meissner einmal ausgedrückt hat. Heute herrscht das Gefühl vor, dass man von der Entwicklung überholt worden sei. Es fragt sich, ob die katholische Kirche durch die Herausforderung ihrer Dissidenten – des scharfsinnigen Gelehrten Hans Küng, des Befreiungstheologen Leonardo Boff, des gesellschaftskritischen Bischofs Gaillot und des intransigenten Kirchenkritikers Drewermann – die Dynamik wiedergewinnen kann, die sie bräuchte, um zur „Vorhut" des Christentums im nächsten Jahrtausend zu werden.

Zum Verständnis des Phänomens Drewermann gehört aber auch seine unbestreitbare „massenpsychologische Wirkung". Wir leben in einer nach Ideen und Idolen „süchtigen" Zeit, in der viele nach geistiger Führung rufen, nach einer „Religion der Hoffnung" lechzen und auf den Retter warten, der neue Wahrheiten und Regeln verkündet, einen festen Glauben um sich herum schafft und verehrt wird. Drewermanns Auftritte vor dem großen Publikum in dicht gefüllten Sälen lassen keinen Zweifel daran, dass er Charisma ausstrahlt und die vielen Menschen mitreißt, die von der offiziellen Kirche enttäuscht sind.

Wo der Paderborner auftritt, da sind meist Umstände gegeben, wie sie die Massenpsychologen immer wieder beschrieben haben, von Gustave Le Bon, von dem von Drewermann so geschätzten Sigmund Freud bis zu Elias Canetti. Nach dem bekannten Sozialpsychologen Serge Moscovici taucht jemand auf, der die beeinflussbare Masse in eine kollektive Bewegung verwandeln kann, die durch den Glauben an ein Ziel getragen wird. In der Masse kommt es, nach Freud, zur Identifikation ihrer Mitglieder mit dem „Führer", der zum „Über-Ich" wird – in den organisierten Gruppen der Amtskirche und anderer Institutionen wie in der spontanen Masse, die sich um den neuen Propheten schart, der Heilung bringen soll. Er betört die Masse, weil er die Sprache des Herzens spricht, in schwarz und rosa malt. Er kennt die Angst, die viele spüren. Er weiß, wer schuld ist:

die Kirche. Auf der Einfachheit, der Absolutheit seiner Thesen fußt Drewermanns hohes Prestige, um das ihn wohl so
mancher Politiker heute beneidet.

II   Der Mensch

Hinter dem Massenphänomen Drewermann erscheint ein zwiespältiger, von Angsterlebnissen seiner frühen Kindheit und dem Kampf mit seiner Kirche gezeichneter Mensch. Nach eigenen Erzählungen musste er als Vierjähriger bereits erfahren, wie wenig Verlass auf normale Lebensumstände ist. Zu einem ersten Schlüsselerlebnis, das dauernde Spuren hinterlassen sollte, wurde der Bombenhagel, der 1944 auf seine 6.000 Einwohner zählende Heimatstadt Bergkamen in Westfalen niederging und den kleinen Ort fast völlig zerstörte: „Das Licht fiel aus, die Erde bebte, die Leute kreischten und gerieten in Panik." Das Schlimmste für das verängstigte Kind aber war, dass Menschen, die ihm gerade noch Lieder vorgesungen oder ihn auf dem Schoß gewiegt hatten, in panische Angst geraten waren.

Teddybär und Tabernakel

Damit verlor das Kind sein Urvertrauen zu den ihm am nächsten stehenden Menschen. Sehr früh schon begann der verunsicherte Knabe, erneut seine Hoffnungsanker auszuwerfen, um einen tragenden Grund zu finden. Er suchte überall nach Angelpunkten: im Kopfkissen, im Teddybären, in der Kirche, im Tabernakel. Sich an etwas festzuhalten wurde für den jungen Drewermann zu einer „Art der Religion".[29] Die beruhigenden Worte, mit denen er heute seine hilfesuchenden Zeitgenossen tröstet, spricht er sich zunächst wohl selbst zu. Unentwegt hat er später in seinen Büchern eine Antwort auf die Frage zu finden versucht, wie die Urangst des Menschen durch Vertrauen überwunden werden kann.

Das Kriegskind Eugen Drewermann, geboren 1940, wuchs in einer evangelisch-katholischen Bergarbeiterfamilie auf. Sein Vater stammte aus einer preußisch-protestantischen Familie, die auch Pastoren hervorgebracht hat. Wie er sich erinnert, dachte der Vater preußisch über die Religion, das heißt, er tat seine Pflicht. „Er ging zum Abendmahl gründonnerstags und hielt Luther für einen rechten Kerl." Ein Schuldkomplex seines Vaters, der als Wetterfahrsteiger unter Tage tätig war, scheint seine Kindheit überschattet zu haben, ähnlich wie bei Kierkegaard. Als es 1948 zu einem schweren Bergwerksunglück mit 400 Toten kam, zerbrach Vater Drewermann. Er hatte als verantwortliche Aufsichtsperson das Unglück kommen sehen und es doch nicht verhindern können.

Seine fromme katholische Mutter ließ den kleinen Eugen als Ministranten noch vor dem Schulbesuch Gebete im Kirchenlatein auswendig lernen und aufsagen. Später verbot sie dem 14-Jährigen auf Anraten eines Geistlichen vergeblich, Friedrich Nietzsche zu lesen. Er lernte auch Hebräisch, um die Bibel besser zu verstehen. Auf dringliche Fragen, die sich ihm nach der Bibellektüre stellten, wurde er mit Erklärungen aus dem Katechismus abgespeist.[30] Damals entdeckte der junge Katholik die Glaubenswelt des protestantischen Theologen Albert Schweitzer, der seine Vorstellung von

Nächstenliebe als weltbekannter Urwalddoktor in Lamba-
rene Wirklichkeit werden ließ. Viele Anliegen, die Drewermann später zum Kirchenkritiker machen sollten, fand
er damals schon in den Schriften des Friedensnobelpreisträ-
gers aus dem Elsaß. Schweitzers Postulat der „Ehrfurcht vor
dem Leben" löste eine wahre „Explosion" in ihm aus. Er
wurde nun wie sein Vorbild zum Vegetarier und Pazifisten.
Als 17-jähriger Autodidakt entdeckte Drewermann den
Existentialismus und lebte fast nur noch in der Bücherwelt
von Dichtern wie Dostojewski und Camus und großen
Denkern. Besonders nah fühlte er sich Kierkegaard. Ähnlich wie bei dem schwermütigen und streitbaren dänischen
Philosophen drehten sich auch die Gedanken des jungen Su-
chers aus Westfalen um Angst, Verzweiflung, Krankheit und
Tod. Die Philosophie, die man wählt, hängt davon ab, was
für ein Mensch man ist, wie Fichte es sagte.

Kierkegaard – „der letzte Prophet"

Noch heute nennt er Schopenhauer, Kierkegaard, Nietzsche und Sartre seine Lieblingsphilosophen. Bei ihnen allen
tritt der Einzelne mit seiner Lebenssituation in den Vordergrund. Die tiefsten Spuren in seinem Denken hat aber die
Lehre Sören Kierkegaards von der Angst als dem Urgrund
unseres Daseins hinterlassen, von der unvermeidlichen Einsamkeit des Menschen und seiner unaufhebbaren Tragik.
Drewermann nennt ihn den „letzten Propheten des Abendlandes", weil er aus tiefer religiöser Überzeugung heraus die
Kirche mit ihrem veräußerlichten Betrieb, ihrem „Bühnenaufwand", ihrer mangelnden christlichen Lebensweise
hart angriff. Damit das wahre Christsein wieder zum Vorschein kommen kann, muss nach Kierkegaard die offizielle
christliche Kirche entlarvt und erschüttert werden: „Chris-

tentum gibt es hierzulande gar nicht mehr, um es wieder zu bekommen, muss erst eines Dichters Herz zerbrechen, und dieser Dichter bin ich."[31]

Der Däne hielt wenig von einem lehrbaren, festgelegten Wissensbesitz. Er wollte das selbstständige eigene Fragen und Denken im Menschen entfesseln, um ihn seine eigene Wahrheit finden zu lassen. Für Kierkegaard geht es im Leben um „praktische Einzelfragen", um „existentielle Probleme". Der eine Pol im Leben ist der Kern des Menschen, sein „Selbst", in dem sich die Synthese aus Unendlichkeit und Endlichkeit vollzieht. Der andere Pol ist der christliche Glaube, den man nur innerlich als persönliches Ergebnis erfahren kann. Man hatte auch Kierkegaard, wie heute Drewermann, vorgeworfen, seine zornigen Angriffe auf die Staatskirche würden deren Fundament zerstören. Ohne ihren tragenden Halt werde das gesamte Christentum zerfallen.

Auch Schopenhauers pessimistische Weltsicht hat Drewermann beeinflusst. Nach Schopenhauer ist dem Wesen der Dinge von außen nicht beizukommen. Die einzige Stelle, die uns einen Zugang in das Innere der Welt ermöglicht, sieht er in uns selbst. Sie liege im Individuum. Der Eingang zum Geheimnis der Welt liege im eigenen „Ich".

Von Nietzsche hat Drewermann die „Philosophie mit dem Hammer" gelernt. Der „Umwerter aller Werte" zertrümmerte schon vor über hundert Jahren rücksichtslos, was er für überholt hielt. Im „Antichrist" macht Nietzsche das Christentum dafür verantwortlich, die Welt zu einem Jammertal verkümmern zu lassen und den Sinn des Lebens ins unerreichbare „Jenseits" zu verlegen. Sein „Antichrist" erscheint wie ein leidenschaftlicher innerer Abwehrkampf gegen die übermächtig werdende Kirche. So zitiert Drewermann Nietzsche: „Die Kirche ist exakt das, wogegen Jesus gepredigt hat – und wogegen er seine Jünger kämpfen lehr-

te." Und: „Jede Kirche ist der Stein am Grabe eines Gott-
menschen; sie will durchaus, dass er nicht wieder auferste-
he!"[32] Nietzsche sieht den Menschen im 20. Jahrhundert
nach dem Zusammenbruch der alten Ordnungen vor der
Aufgabe, sein Schicksal in die eigenen Hände zu nehmen.

Denken und Glauben

Für Drewermann spitzte sich die große Lebensfrage, der
Konflikt zwischen Denken und Glauben, bereits in seiner
Bergkamener Zeit zu. Vergeblich suchte er jemanden, der
ihm geholfen hätte, sein jugendliches Durcheinander zu
ordnen. Allein beim sechsstündigen Deutschaufsatz konnte
er sein starkes Bedürfnis, eigene Gedanken auszudrücken,
befriedigen. Eine Zeitlang überlegte er sogar, Protestant zu
werden. Doch sein evangelischer Religionslehrer meinte,
schon ganz im Geiste der Ökumene: „Drewermann, es gibt
gute Protestanten auch unter den Katholiken, so wie es gute
Katholiken unter den Protestanten gibt. Ich glaube, Sie sollten katholisch bleiben."
Schließlich hoffte der einsame Sucher, das Priestertum würde seinen metaphysischen Durst stillen. Von 1959 bis 1965
studierte er in Paderborn und Münster katholische Philosophie und Theologie – noch in der vorkonziliären Zeit, bevor die Kirche sich der modernen Welt gegenüber öffnete.
1974 bis 1978 promovierte und habilitierte er sich mit der
dreibändigen Arbeit Strukturen des Bösen. Doch schon
während der Studienzeit kamen ihm wieder Zweifel, ob die
Institution Kirche ihm wirklich weiter helfen würde.
Kierkegaards Erzählung vom Theologiestudenten „Ludwig
Fromm" sollte für ihn eine Vorwegnahme des Kommenden
werden. Dieser Ludwig Fromm macht sich auf, das Reich

Gottes in der Theologie zu suchen. Dazu ist ein ausgedehntes Studium alter Sprachen nötig: Hebräisch, Aramäisch, Griechisch und dazu die Kenntnis theologischer Spitzfindigkeiten. Nach vielen Examen wird er endlich Pfarrer und verkündet anderen: Suchet zuerst das Reich Gottes", ohne es selbst gefunden zu haben. Fromm will es nicht gelingen, die Kluft zu schließen, die sich zwischen dem Reich Gottes, wie es Jesus verstand, und der Auslegung durch Schriftgelehrte und Kirchenbeamte auftut.

Sein „Damaskuserlebnis", die sprichwörtliche Verwandlung vom Saulus zum Paulus, erlebt Drewermann dann als junger Vikar im lippischen Kurort Bad Driburg, als er sich vom hingebungsvollen Sohn seiner Kirche zum psychologisierenden Seelsorger und abtrünnigen Priester wandelt. Bei seinen Predigten wurden die Menschen schon damals durch seine Sprache „fasziniert". Scharenweise strömten sie in seine Beichten. Von diesem Priester fühlten sich die Leute verstanden: „Man muss die Dinge so wörtlich nehmen, dass es die Menschen bis zum Erschüttern anspricht, aber auch so, dass sie sich darin geborgen fühlen, indem alles erst mal sein darf."[33]

Nun gab es für Drewermann keinen Zweifel mehr. Katechismus und Moraltheologie genügten nicht mehr, um den Menschen aus ihren seelischen Nöten zu helfen. Die Tiefenpsychologie erschien ihm als der bessere Weg. Er ließ sich in einem Psychotherapeutischen Institut bei Göttingen in der Neopsychoanalyse nach Schulz-Hencke ausbilden, der eine Synthese der Methoden Freuds, Adlers und Jungs anstrebte. Drewermann brach dieses Studium zwar vorzeitig ab, aber die Begegnung mit der Psychoanalyse hatte ihm die Augen für sein eigenes seelisches Leiden geöffnet. Von jetzt an glaubte er, als Seelsorger endlich gelernt zu haben, wie man Menschen wirklich helfen könne.[34]

Eine literarische Eruption

Zunächst kam der spätere Erfolgsautor nur langsam in Fahrt. „Ich konnte damals acht Stunden vor einer leeren Seite sitzen, und die ganze Kunst war, nicht dauernd wegzulaufen. Aber es stand am Ende nicht eine Zeile auf dem Papier. So fing das an", schrieb er später.[35] Erst durch die Erfahrung mit der Psychotherapie begann beim 35-Jährigen eine schöpferische Phase, eine „regelrechte literarische Eruption".[36] (Drewermanns Anhänger sehen hier eine Parallele zu Martin Luther, der auch lange Zeit als „braver Priester und Theologe" gelebt hatte, ehe sein reformatorischer Ausbruch aus der Kirche kam – „schlicht und einfach von innen". Auch Luther stand damals im 35. Lebensjahr.) Vor der Paulusakademie in Zürich erläuterte Drewermann im Herbst 1990: „Von Haus aus hätte ich den Mut dazu nicht aufgebracht. Aber was man mit den anderen machte, das war für mich ausschlaggebend. Ich wollte verhindern, dass meine Mitbrüder und Mitschwestern in die Hölle der Moraltheologie geraten."

Bei seiner leichten Auffassungsgabe, seinem fotografischen Gedächtnis fiel es ihm nun nicht schwer, in rascher Abfolge dickleibige Wälzer zu produzieren. Die endlosen Fußnoten seiner Bücher zeugen von gründlicher Beschäftigung mit schöner Literatur, Soziologie, Psychologie, Anthropologie und Verhaltensforschung. Seine Vielseitigkeit hat ihm bei Fachwissenschaftlern aber auch den Ruf eingebracht, ein „ziemlich wahlloser Eklektiker" zu sein – jemand also, der aus verschiedenen Denkrichtungen das Passende auswählt, sich ein oberflächliches Wissen aneignet, ohne es zu verarbeiten und zur Synthese zu bringen. Die Theologen spötteln, dass Drewermann eher ein Psychologe sei. Die Psychologen meinen, er verstünde wohl mehr von Theologie. Seinen eifrigen Lesern aber gefällt, wie er die verschiedensten Gebiete mit vielen Beispielen aus der Weltliteratur verknüpft. So versucht er, in Anlehnung an den Schweizer Tiefenpsychologen Carl Gustav Jung eine Brücke zwischen dem persönlichen Erlebnis von heute und den Mythen, Riten und Symbolen von einst zu bauen.

Am liebsten möchte er mit vielen Zungen sprechen („Ich rede im Deutschen bestimmt sechs verschiedene Sprachen!"). Da ist der einfühlsame, fast pietistisch klingende Prediger, dem Herzensfrömmigkeit über alles geht. Dann bedient er sich, dem es um unverfälschte Erfahrung geht, des modischen Intellektuellenjargons. Oder er redet betont wissenschaftlich und verwendet oft sperrige Schachtelsätze und schwer verständliche Substantivismen. Für den „Bild"-Leser verfällt er in eine abgegriffene Schlagwortsprache. Dann wieder gibt er sich als theologischer Dichter, der den Menschen sagen möchte: „Gestaltet Euer eigenes Leben, als sei es das Werk eines Künstlers, eines Dichters, eines Malers."[37] Und immer wieder schießt er mit scharfen Wortpfeilen auf seine Mutterkirche, besonders vor großem Publikum.

Asket im Betonklotz

Eugen Drewermann selbst lebt in asketischer Einfachheit in der armseligen Behausung eines beklemmenden Betonklotzes, ohne Kühlschrank und Telefon, obwohl er inzwischen glänzend verdient. Seit kurzem wird zusätzlich betont, dass er auch kein Fax-Gerät habe. Er schläft vor seinem Schreibtisch auf einer ausgerollten Matratze. Das alles wird von seinen Anhängern schon zur Legende hochstilisiert. In dieser Umgebung schreibt er sich seine eigene Buchwelt zusammen. Seine Arbeitskraft aber scheint unerschöpflich. Man fragt sich, wie dieser „Workaholic" neben 20 wöchentlichen unentgeltlichen Therapiestunden, Vorlesungen, vielen Vortragsreisen und Fernsehauftritten noch die Energie zur Produktion immer neuer Bücher findet. Kritiker meinen ironisch, er könne nur deshalb so viel schreiben, weil er doch nicht über Monologe hinauskomme. Er verschanze sich hinter einer Fülle von vielfältigen, gegensätzlichen Aussagen und sei bei solcher „Selbstversiegelung" nicht zu widerlegen. So könne wohl auch nur Drewermann verstehen, worum es bei Drewermann gehe.

Der bescheidene Vegetarier, der auch kein Auto besitzen will und seine Einnahmen, wie er selbst sagt, wohltätig verwendet, führt deshalb aber doch kein Dasein im „stillen Kämmerlein". Um dem Bannstrahl der Kirche zu entgehen, die ihn mit Bücherboykott und Auftrittsverbot den Maulkorb anlegen wollte, trat er die „Flucht in die Medien" an. Dabei trug ihn die Hoffnung, der Schutzmantel der Medien würde ihn vor dem Schicksal des schon 1979 suspendierten Schweizer Theologen Hans Küng bewahren. Das hat sich inzwischen als Irrtum erwiesen.

Seither spielt er als theologischer Superstar souverän auf der Medienorgel, plaudert mit Gottschalk in der Fernsehshow über Gott und den Glauben und inszeniert Tiersegnungen für den Bildschirm. Sogar wohlmeinende Beobachter werfen ihm hier „eitle Selbstinszenierung" vor und rücken ihn in die Nähe von amerikanischen Fernsehpredigern. Von Bischof Degenhardt verlangte er provokativ in aller Öffentlichkeit, seine Kirchensteuer nur mehr für ökologische und soziale Zwecke zu verwenden, und rief auch andere zum Zahlungsboykott gegen die Kirche auf. Medienwirksam verkündete er auf einer Pressekonferenz, dass tausende Mark ausgegeben würden, um in der Kirchenpresse seine Theologie zu verleumden. Er wolle nun mit seiner Kirchensteuer ein solches finanzielles Gebaren der Obrigkeit, das heißt den Kampf gegen sein eigenes Werk nicht unterstützen, meinte er polemisch. Man sollte seine Steuern daher an den

WWF oder an Misereor überweisen. Da fragt sich der Unbefangene, warum er dann nicht gleich aus der Kirche austritt und sein Geld an die – seiner Meinung nach – unterstützungswürdigen Organisationen überweist.

Und doch kommt bei seinen Fernsehauftritten und in den vielen Diskussionsrunden kein wirkliches Gespräch zustande. „Wie eine Schallplatte, die unbeeindruckt von den Argumenten der Gesprächspartner ständig das gleiche Programm abspielt", monierte ein Zuschauer. Seine Redekunst wirkt sich manchmal auch dialoghemmend aus. Denn bei seiner breiten Sprachpalette kommt die Umgangssprache dann doch oft zu kurz. Fühlt er sich bei Diskussionen in die Ecke gedrängt, wechselt er manchmal unvermittelt die Sprachebene: Ging es eben noch um theologische Spitzfindigkeiten und scholastische Geplänkel, wird plötzlich der Standpunkt des Therapeuten eingenommen, dem es mehr auf die innere Betroffenheit als auf das Argument ankommt. Auch hat ihm seine unbarmherzige Art im Umgang mit Andersdenkenden den Ruf eines Fanatikers, eines intoleranten Menschen eingebracht. So meint zum Beispiel ein enttäuschter Lesebriefschreiber, der am Bildschirm erlebte, wie Drewermann einem Vertreter von Opus Dei, der traditionalistischen katholischen Vereinigung, die Leviten las: „Das hat mich gegen ihn eingenommen, obwohl ich sonst ein erklärter Gegner dieser obskuren Organisation bin." Im gereizten Schlagabtausch zwischen der Amtskirche und ihrem Dissidenten hat sich die Wortwahl bisweilen in sehr unchristliche Gefilde verirrt, bis hin zu Stasi- und Nazibeschimpfungen. Dann wieder, bei der Darbietung seiner Umdichtung des Vaterunsers in Gegenwart des Dalai Lama in Zürich, stockt dem Hochsensiblen die tränennasse Stimme – ein wahrhaft facettenreicher Mann.

Sein unbeweglicher, fast maskenhafte Gesichtsausdruck und seine monotone Stimmlage tragen zum Bild eines gestrengen Kirchenstreiters bei. Bei der radikalen Wahrheitssuche Drewermanns fällt seine humorlose Einseitigkeit auf, die für ein offenes und lockeres Gespräch wenig Spielraum lässt. Dabei hat er sich mitunter selbst einen Narren und Träumer genannt. Ein Narr, der andere zum Lachen bringt und auch über sich selbst lachen kann, ist der Kirchenrebell aus Paderborn aber nun wirklich nicht.

Narr und Träumer

Wie ganz andersartig fühlt und denkt doch ein echter Narr, ein Clown, der seinem Publikum den unsichtbaren Spiegel vorhält und auf diese Weise mit wenig Worten und viel Menschlichkeit die Fehler und Schwächen anderer aufdeckt. Diese tragikomische Figur klagt nicht an, aber ihr philosophischer Blick hinter die Dinge rechnet mit dem Missgeschick, mit dem Scheiternkönnen. Der Clown, wie kein anderer, weiß, dass es keine letzte Sicherheit gibt. Da bleibt nur das Lachen als Ja zum Leben, wenn es keinen Ausweg mehr zu geben scheint. Dies ist eine Dimension der Menschlichkeit, die in der Welt des Angstpsychologen Drewermann zu kurz kommt.

Der Psychoanalytiker will mit scharfem Intellekt und unerbittlichem Ernst in verborgenste Winkel dringen, alles wissen und aufdecken. Doch wer stets als Wissender auftritt, will meist nichts mehr lernen. So vermeidet er zwar Kritik, doch entgeht ihm auch der Dialog mit anderen. Der Clown, ganz im Gegensatz, lebt von sparsamen Andeutungen im tiefen Bewusstsein, dass sich die Welt im freien Kräftespiel zwischen Lachen und Weinen bewegt. Ein Monolog wäre sein Ende. Er beobachtet und wird beobachtet. So reißt der Austausch nie ab. Und diese archetypische Gestalt des Narren weiß: Nichts vermag unsere Angst rascher zu vertreiben und

Grenzen zwischen Menschen zu überwinden als ein Lachen und Weinen, das aus dem Herzen kommt.

Spötter meinen, in ganz Italien fände sich niemand, der den weißgekleideten Papst mit seinen schwarzroten Kardinälen und seiner blaurotgelben Schweizer Garde, das ganze Spektakel des Vatikans, so teutonisch ernst nähme wie der „Reformator" aus dem Norden. Selbst der polnische Papst habe anlässlich der Rehabilitierung von Galileo Galilei gezeigt, dass er nicht so unbeweglich sei wie sein deutscher Kritiker, schreibt der Vatikankenner Hansjakob Stehle: „Sollte der Papst zum spätbekehrten Jünger Drewermanns geworden sein? Nein, Rom liegt nicht im Lande Luthers. Wendig nahm er die philosophische Kurve: der Fall Galilei sei zum Mythos gemacht worden, zum Symbol angeblicher Unverträglichkeit von Wissenschaft und Glauben; in Wirklichkeit aber sei es damals zu einem bedauerlichen, tragischen und gegenseitigen Missverständnis gekommen."[38]

Trotzdem sind in Deutschland Drewermann-Witze im Umlauf, etwa: Ein Kahn fährt über den wellenbewegten See Genezareth. Als „Bootschaft" befinden sich Kardinal Ratzinger und die Kirchenkritiker Hans Küng und Eugen Drewermann an Bord. Die Wogen werden immer gewaltiger, bedrohliche Sturmböen kommen auf. Drewermann und Küng verlassen das sinkende Schiff. Beide laufen über das Wasser ans Land. Allein und hilflos gestikuliert der Kardinal vom wankenden Boot aus, wagt aber nicht, das Wasser zu betreten. Am Ufer fragt der nüchterne Küng seinen Kollegen Drewermann: „Wollen wir dem Ratzinger verraten, wo die Steine liegen?" Darauf Drewermann mit sanfter Stimme: „Welche Steine?"

Im persönlichen Gespräch kann man spüren, dass der Mensch Eugen Drewermann ein Betroffener ist – inmitten einer immer oberflächlicher werdenden Gesellschaft. C. G. Jung meinte, nur wer selbst Wunden habe, sei in der Lage, die seelischen Verwundungen anderer zu heilen. Drewermann hat ein feines Gespür für die Verunsicherungen seiner Mitmenschen. Viele in Deutschland haben, wie er, in der Kriegs- und Nachkriegszeit ihr Vertrauen in die Verlässlichkeit des Daseins verloren. Mit seinen tröstenden und heilenden Worten will er verschüttete Schreckenserinnerungen in anderen Seelen wecken und überwinden helfen. Die ungebrochene Daseinsfreude aber, die Lust am Leben taucht in dieser Welt aus lauter Angst kaum auf.

Vielleicht geht Drewermann sein Anliegen zu tief unter die Haut, so dass ihm manchmal die nötige Distanz fehlt. Er überspitzt die Dinge unnötig. Aber gerade seine Einseitigkeit, sein Anspruch, es ganz genau zu wissen, kommt bei den Leuten an. Bei seinen Vorträgen schafft er es, dass die Zuhörer stundenlang regungslos seinen Worten lauschen. Selbst seine Gegner sagen, so etwas hätten sie noch nie erlebt. Man fühlt sich an Wiegenlieder ohne Musik erinnert, deren Botschaft lautet: „Seid getrost, so schlimm ist das alles gar nicht. Es gibt zwar die böse Kirche, die harte, raffgierige Welt, in der einzelne und besonders die Frauen unterdrückt werden. Aber wenn ihr erst einmal zur Ruhe gekommen seid, schaut alles schon ganz anders aus." Nach einigen dieser Auftritte spürt man jedoch: Hier ist jemand am Werk, der es versteht, seine Suggestionskraft wirksam einzusetzen.

Ein moderner Jeremias

Drewermann steht seit Jugendtagen im Konflikt zwischen Herzensglauben und theologischer Spekulation. Wie mancher Jugendliche hat er mehr in Büchern als in der harten Wirklichkeit gelebt. Von Sport und Spiel ist in seiner Biographie nie die Rede. Hat der existentielle Kampf in seiner

Innenwelt ihn von der Bergkamener Bergarbeiterwelt abgeschnitten? Als Rettung aus innerer Zerrissenheit bot sich der „Sprung in den Glauben", in die Kirche an. Aber auch hier litt er unter der Kluft zwischen dem lebendigen Reich Gottes, das Jesus verkündet, und der erstarrten Institution Kirche. Zunächst setzte er sich inbrünstig dafür ein, damit das wahre Antlitz der Kirche endlich zum Vorschein komme. Nun ist er felsenfest davon überzeugt, dass die Kirche zerbrechen werde. Ja, man müsse sogar für ihren Untergang beten, wie einst Jeremia in Jerusalem, damit die Kirche neu entstehen könne.

Mit Fleiß und Geschick schrieb und schrieb und schrieb er für dieses wahre Christentum mit echter Menschlichkeit. Er erschrieb sich die Welt des Eugen Drewermann. Sein Kontakt zur Außenwelt bestand hauptsächlich aus Therapiegesprächen mit Menschen, die an „klerikalen Neurosen" litten, und den sogenannten kleinen Leuten, deren Nöte Jesus am Herzen gelegen haben. Dass gerade die Kirche mit ihren ungezügelten Machtgelüsten dieses Anliegen verraten haben soll, erboste ihn. Der verbissene Kampf „Priester gegen Mutterkirche" befremdet manchen Außenstehenden. So meinte ein Fernsehzuschauer, die Teilnehmer der theologischen Streitgespräche, auch Drewermann, hätten wie Figuren eines Puppentheaters auf ihn gewirkt. Hin und wieder seien irgendwelche theologischen Begriffe gefallen, aber man habe nicht verstanden, worüber da eigentlich gestritten wurde.

Die Bedeutung dieser Auseinandersetzung lässt sich rational auch kaum erfassen. Hier prallen gegensätzliche Kirchenbilder aufeinander. Drewermann postuliert, man müsse Gott mehr gehorchen als den Menschen. Er will sich von der Kirche nicht mundtot machen lassen. Da findet er leicht Zuspruch und Unterstützung bei den Massenmedien, die ihre Freude am Spektakel „David gegen Goliath" haben. Für den unvoreingenommenen Beobachter aber sind beide Seiten mit ihren Anliegen einander vielleicht viel näher und sich ähnlicher, als sie es selbst wahr haben wollen.

Drewermann setzt auf die Ängste des modernen Menschen vor dem Scheitern und dessen Sehnsucht nach einem erfüllten Leben. Die Kirche dagegen weigert sich, ihre gewohnte Bahn zu verlassen. Im Vatikan ticken die Uhren unbeirrt weiter – wie eh und je. Der deutsche Bischof Lehmann erinnert daran: „Wer nur heutig ist, wird … rasch ein Opfer der Mode und ist morgen bereits wieder von gestern." Sicher ist nur, dass die christliche Religion als Ganzes um ihren Platz in der modernen Welt ringt.

III   Die Botschaft

Wer versucht, das Wesentliche in Drewermanns Werk zu erfassen, steht vor keiner leichten Aufgabe. Selbst fleißige Leser werden von der Fülle des Materials – über 20.000 Seiten – überwältigt. Dieser wortreiche Autor hat zu fast allen wichtigen Problemen des Menschen etwas zu sagen: von Träumen, Märchen und Mythen über die Tiefenpsychologie und Moraltheologie bis zu Ehe und Sex, Krieg und Umwelt. Seine oft weit ausholende Darstellung erschwert den Zugang und die Übersicht. Noch gibt es keine Kurzfassung und keine genügend allgemeinverständliche Einführung in sein Werk. So kann er Kritikern auch entgegnen, wie er es manchmal tut, sie hätten eben doch nicht alles gelesen; an dieser oder jener Stelle dieser oder jener Schrift habe er deutlich gesagt, was er meine. Die Kritik sei deshalb fehl am Platze.

Von Mythen und Träumen zu Krieg und Umwelt

Drewermanns Stärke liegt eher in der Auseinandersetzung mit der „real existierenden" Kirche und ihren Tabus als in einer auch andere überzeugenden Gegenkonzeption, eher bei kritischen Fragen zur geistig-religiösen Lage unserer bewegten Zeit als bei fertigen Antworten, eher bei seiner kategorischen Ablehnung der Institution der Kirche als in der verständnisvollen Analyse ihrer Probleme. So bleibt der Eindruck des unvollendeten, noch nicht zur Synthese gebrachten Entwurfs für die Welt von morgen. Die Verfasserin versucht an dieser Stelle, aus eigener Anschauung und Gesprächen mit dem streitbaren Theologen Schwerpunkte zu setzen, um ein möglichst ausgewogenes Bild zu zeichnen.

In nicht weniger als achtzehn Büchern beschäftigt sich Drewermann mit Fragen der Kirche und der Religion, mit Moraltheologie und Dogmatik. Von Anbeginn steht ein Themenkreis im Vordergrund: das Böse und die Angst. Schon in seiner dreibändigen Dissertation und Habilitation *Strukturen des Bösen* (1977) geht er dem Geheimnis des Bösen nach. Diesem Buch hat er als Motto das dunkle, schwer deutbare Wort eines islamischen Mystikers vorangestellt: „Ich fragte: ‚Wo ist meine Sünde?' Da gab mir eine Stimme Antwort: ‚Sünde ist, dass du da bist – eine schwerere gibt es nicht'." Man kann seine Grundthese auch so formulieren: Der Mensch ist nicht von Natur aus böse, sondern wird es erst aus Angst – aus der Angst, nicht aus sich selbst heraus bestehen zu können. Aus Angst steigert er sich in Wut und Hass. Die Angst verzehrt alles.

Drewermann knüpft hier an den Existentialisten Jean-Paul Sartre an, für den der Mensch zunächst „Nichts" ist und sich erst in ständiger Schöpfung aus dem „Nichts" zum Menschen entwickeln muss. Nach Sartre ängstigt man sich vor sich selbst, vor seiner eigenen Freiheit, seinen unvorhersehbaren Verhaltensweisen. Der Mensch, zur Freiheit verurteilt, kann sich nur gleichsam am eigenen Schopf emporziehen, um nicht im Sumpf des „Nichts" unterzugehen. Sartre will die Sinnlosigkeit unseres endlichen Daseins enthüllen. Auch bei Drewermann versinkt der Mensch in grenzenloser Angst, solange ihm Gott als Gegenüber fehlt. Einzig die Liebe Gottes kann ihn aus seiner existentiellen Angst erlösen.

Mit diesem Ansatz befand sich Drewermann noch im Einvernehmen mit den Auffassungen der gestrengen Glaubenshüter seiner Kirche. Er wurde von seinen Lehrern gelobt und gefördert. Seine mit „Summa cum laude" ausgezeichnete Doktorarbeit wurde 1977 sogar als Habitilationsschrift angenommen und ihm von Bischof Degenhardt die „Venia legendi", die Lehrbefugnis als Privatdozent an seiner Fakultät erteilt. Aber schon wenige Jahre danach, 1981, meldet sich Drewermann als Kirchenkritiker zu Wort, für den ein Widerspruch zwischen dem Christentum als Lehre der Erlösung und der Amtskirche besteht. Weil die Kirche die ursprüngliche Botschaft verfälscht habe, vermöge sie nicht mehr die Menschen in ihren Lebensnöten zu erreichen und ihnen zu helfen – eine Entwicklung, die später zum großen Klerikerstreit und zur Maßregelung des „Rebellen" durch die Kirche führen sollte.

Das Angstsyndrom

In der Psychoanalyse Sigmund Freuds, die sich um vorurteilsfreies Verstehen bemüht, glaubt Drewermann einen besseren Weg zu finden als in den Dogmen der Kirche, um Menschen aus ihren Ängsten zu befreien. Die Kunst der Freudschen Psychoanalyse sieht er hauptsächlich darin, dem leidenden Menschen nicht dauernd ins Gewissen zu reden, wie es die Kirche tue. Freud habe bereits am Anfang des 20. Jahrhunderts eingesehen, dass die geduldige Begleitung eines seelisch Kranken und das Vertrauen, das man ihm entgegenbringt, selbststeuernde Kräfte der menschlichen Psyche wecke und stärke und zur Gesundung beitrage. Auch der Tiefenpsychologe Alfred Adler hat Drewermann beeinflusst mit seiner These, dass der Mensch erst aus einem Minderwertigkeitsgefühl heraus überheblich und bösartig werde.

Für Drewermann folgt daraus, dass ein Mensch, der sich innerlich angenommen und in seinem Dasein berechtigt fühlt, seine Angst los wird und seine Seelenruhe wiederfindet. Damit will er sagen: Wenn wir uns in Gott geborgen wissen, brauchen wir unsere Existenzberechtigung nicht durch gute Taten zu beweisen. Wer von Angst spricht, spricht von einem Abgrund, der nicht rational erfassbar ist. So ist auch die Antwort auf die Angst – das Vertrauen – wieder etwas Irrationales.[39] Nur der Glaube als „Schritt ins Vertrauen" vermöge die Angst zu überwinden – durch die Begegnung mit Jesus. Deshalb seien Menschen, die ohne Vorurteil und ohne „Genehmigung der Kirche" anderen ihr Mitgefühl schenken, der Botschaft Jesu viel näher als alle Dogmatik und kirchliche Rechthaberei.

Nachträumen der Seelenbilder

In seinem 1982 bis 1984 erschienenen dreibändigen Werk *Psychoanalyse und Moraltheologie* vertieft er seine Gedanken. Im ersten Band („Angst und Schuld") geht es um die Befreiung aus neurotischen Schuldgefühlen. Im zweiten („Wege und Umwege der Liebe") gerät er mit seiner Forderung, auch Geschiedenen die Wiederheirat zu gestatten, unweigerlich in Widerspruch zur offiziellen Lehre der Kirche. Im dritten Band („An den Grenzen des Lebens") geht es um Alter, Krankheit und Tod. Statt Menschen, wie es die Kirche tue, mit strengen äußeren moralischen Forderungen zu belasten, will er sie durch das Nachträumen innerer „Seelenbilder" von neurotischen Ängsten befreien. Nicht durch die kirchliche Forderung eines „vergöttlichten Über-Ichs", sondern durch Ermutigung zum eigenen Leben werde der Mensch geheilt. So will Drewermann die Menschen auch von Leiden befreien, die ihnen die Kirche erst zugefügt hat. Schon 1982 hatte er in seinem Buch *Der Krieg und das Christentum* mit tiefenpsychologischem Ansatz zu zeigen versucht, dass die Ursachen späterer Aggressionen in der Seele des Kindes, in unbewältigten „oralen" Spannungen liegen. Damit ist die früheste sexuelle Entwicklungsphase gemeint, die sich durch eine Lustempfindung in der Mundregion manifestiert. Drewermann geht so weit, darin sogar den Urgrund von Konflikten zu sehen, die sich im Kollektiv unter Umständen bis zu kriegerischen Auseinandersetzungen steigern können. Der Christ kann durch das Abendmahl, die Eucharistie, von diesem zerstörerischen Trieb geheilt und friedfertig werden. Die Kirche aber habe die Eucharistie zum Zeichen der Priestermacht, der Konfessionstrennung und dem Ausschluss von Sündern verfälscht. „Ich vertrat in diesem Buch, wenn man so sagen will, einen Pazifismus des schlechten Gewissens – keinen selbstsicheren Entwurf zur Lösung der Welträtsel, wohl aber eine recht kritische Analyse der Gefahren von Patriachalismus, Dogmatismus, Fanatismus und Intoleranz."[40]

Das Hauptthema in Drewermanns Werk aber bleibt das Angstsyndrom. Er will ein Prediger wider die Angst sein. Der Therapeut, der selbst zwar kaum lächelt, will andere mit seinen „heilenden Worten" zu Heiterkeit und Lebensfreude ermutigen. Angst wird dabei keineswegs immer klar definiert und begrifflich oft sehr weit gefasst – von der Tierpsychologie und Gruppenängsten, Angst vor dem absoluten Nichts (wie bei Sartre oder Heidegger), Angst vor der Sünde (wie bei Kierkegaard) bis hin zu Zwängen, Phobien (vor

Würmern, Spinnen, Schlangen, Mäusen usw.) und konkreten alltäglichen Gefahren wie Unfällen oder Verbrechen. Dann wieder spricht Drewermann von der Angst vor Armut und Hunger und vor den „Grenzerfahrungen" wie Krankheit, Alter, Tod und Vereinsamung. Angst finde man „in allen Stockwerken der menschlichen Existenz", wie Drewermann sich ausdrückt.

Ist die Angst aber wirklich das zentrale Problem unserer Zeit, wie Drewermann behauptet – oder ist sie nur ein Teilaspekt unserer modernen Gesellschaft, der von manchem „Angstpropheten" übertrieben wird? Wie anders lautet doch die spirituelle Botschaft von Frère Roger, dem Prior (Abt) von Taizé: „Wäre das Vertrauen des Herzens aller Dinge Anfang, du kämst weit, sehr weit." Auch empirische Forschungen geben ein viel differenzierteres Bild. Es gibt viele Menschen, die in unserer hektischen Zeit von mehr oder weniger ausgeprägten Angstsyndromen heimgesucht werden, aber sie sind doch in der Minderheit. So schätzte vor einigen Jahren Professor Hans Ulrich Wittchen auf dem Kongress der deutschen Psychiater in Köln, dass etwa 15 Prozent der Bevölkerung im Laufe ihres Lebens irgendwann unter Angstzuständen verschiedenster Art zu leiden haben, wie Lampenfieber, Platzangst oder Phobien. Solche Angstanfälle klingen manchmal erst nach Monaten wieder ab.

Jeder zwanzigste Deutsche leidet unter Panikattacken. Bereits in der Jugend setzen Angststörungen ein, die Anfälligkeit dafür scheint zuzunehmen. Man vermutet, dass Alkohol- und Drogenmissbrauch, Überforderung am Arbeitsplatz und das aufreibende Großstadtleben diese unerfreuliche Entwicklung vorantreiben.[41] Traumatische Erlebnisse, an die Drewermann vor allem zu denken scheint, spielen allerdings eine viel geringere Rolle, als man früher annahm.

Die Angst lässt Menschen zu Außenseitern werden. Oft geht

sie mit Depressionen oder körperlichen Symptomen einher, die ohne Behandlung nicht zu heilen sind. Ein Allheilmittel aber gibt es nicht. Neben der manchmal jahrelang dauernden Psychotherapie, wie sie Drewermann praktiziert, genügt oft eine viel kürzere Verhaltenstherapie oder auch die Behandlung mit Psychopharmaka. Es stimmt wohl auch, dass immer mehr und jüngere Menschen an Depressionen erkranken. Eine Studie der Weltgesundheitsorganisation (WHO) in Genf sieht die tieferen Ursachen für das Angstsyndrom im Bruch mit Traditionen, im Verlust religiöser Bindungen, in der Vereinsamung und Beziehungslosigkeit, im Zerfall der Familie.

Kein Zweifel: Angst und Depressionen sind ein ernstes Problem unserer Gesellschaft. Darin hat Drewermann sicher recht. Aber er schießt weit übers Ziel hinaus, wenn er die Angst zu einer alles überschattenden Frage machen will. Wer wollte bestreiten, dass frühere Generationen härteren physischen und psychischen Belastungen ausgesetzt waren als die Bürger unserer Wohlstandsgesellschaft. Der statistisch erfassbare Gesundheitszustand der Deutschen war nie besser als heute. Ist die dauernde Beschäftigung mit unseren Ängsten nicht längst zur Modeerscheinung geworden? Das „Geschäft mit der Angst" jedenfalls floriert. Man spricht heute schon von einer regelrechten „Angstindustrie". Es wird versucht, mit immer neuen Angstthemen einen „hohen Angstpegel" zu erzeugen, und gehofft, auf diese Weise vermehrt Spenden für alle möglichen Zwecke einzutreiben. Wenn man aber bedenkt, wie viele Kriege, Krisen und Katastrophen die Menschheit bisher im Kampf ums Dasein zu überstehen hatte, kann man sich fragen, ob letztlich nicht doch Glaube, Liebe und Hoffnung stärkere Kräfte als die Angst sind.

Ein zweiter Schwerpunkt in Drewermanns Werk liegt bei der Deutung von Märchen, Mythen, Träumen und Bibeltexten. Hier knüpft er an den Schweizer Tiefenpsychologen C. G. Jung an. So soll ein Faden zwischen der christlichen Botschaft und den inneren Bildern des Menschen geknüpft werden. Nach der Archetypenlehre Jungs finden sich im Seelenbereich uralte Bilder und Symbole, die Menschen aller Zeiten und Kulturen verbinden und tief ins kollektive Unbewusste hinabreichen. Die Theologie sollte die Sprache der Mythen nicht verteufeln, sondern ihre Bilderwelt mit der geschichtlichen Person Jesu in Einklang bringen. Drewermann will eine Synthese von „Denken und Fühlen, Rationalität und Mystik, Aufklärung und Frömmigkeit finden und die Zerrissenheit von Subjekt und Objekt" aufheben. Im Kampf gegen den Mythos seien auch die mythenbildenden Kräfte der menschlichen Psyche zerstört und seine Stellung gegenüber der Natur maßlos übertrieben worden.[42]

Er verwirft auch die Überschätzung der historisch-kritischen Methode der Bibelforschung, die Gott systematisieren wolle und ihm manchmal gar wie eine „Gotteslästerung" vorkommen will. In dieser distanzierten Sicht werde Gott zu einem Gegenstand gelehrter Theorien, in fertigen Begriffen überlieferbar. Das Christentum sei ursprünglich keine Doktrin. Die Bibeltexte seien eigentlich Bekenntnisse einer Gotteserfahrung. Durch die Überbewertung der Begriffe in der Theologie sei die christliche Religion zu theoretisch, ja geradezu leib- und erfahrungsfeindlich geworden.

Märchen machen menschlich

Drewermann geht es auch darum, das wieder erwachende Interesse einer breiten Öffentlichkeit an Märchen und Mythen ins christliche Gedankengut einzubringen. Mit seinen einfühlsamen, fast poetischen Interpretationen Grimmscher

Märchen hat er vielen Zeitgenossen den Zugang zum Erleben und Erspüren ihrer seelischen Bilderwelt erschlossen. Sein meistverkauftes Buch mit mehr als 14 Auflagen versucht eine tiefenpsychologische Deutung des „Kleinen Prinzen" von Saint-Exupéry. Als tragisch und symptomatisch empfindet er, dass in dem wohl „schönsten Buch dieses Jahrhunderts" kein Gespräch zwischen dem Kind, das erlösen könnte, und den Erwachsenen zustande kommt. Im Umgang mit Märchen spürt der Erwachsene, wie viel an ungelebter Kindheit in ihm lebendig ist. Er wird sich selbst und anderen gegenüber gütiger. „Denn wahr ist im Sinne Jesu: Nur die Kindlichen werden verstehen." Für die Jungianerin Marie-Louise von Franz allerdings verbirgt sich in der Geschichte vom „Kleinen Prinzen" das Motiv des „Puer Aeternus", des ewigen Jünglings, der in einer Phantasiewelt verharren will und keinen echten Zugang zur Wirklichkeit finden kann.[43]

Durch den Umgang mit Märchen leben wir bewusster und menschlicher. Märchen können uns gütiger und zärtlicher machen. Sie zeigen besonders den Liebenden den Weg, der über Hindernisse zum Glücklichsein führt.[44] Märchen sind Wegweiser und Richtmarken des Unbewussten. Sie zeigen, dass man trotz aller Angst- und Schuldgefühle „an die Berechtigung des eigenen Lebens glauben und bedingungslos der Wahrheit des eigenen Herzens folgen soll."[45] Dass viele Leser sich von dieser Sicht des Lebens angesprochen fühlen, beweisen die hohen Auflagen von Drewermanns mehr als einem Dutzend Märchenbänden.

Wie die Märchen, so bedienen sich auch unsere Träume einer bunten Bilderwelt. Sie entstehen spontan und sind der Kontrolle des Verstandes und dem rationalen Denken entzogen. Sie entstammen, wie Jung meint, dem Gedächtnis des Menschheitskollektivs und können uns den Zugang zu den biblischen Geschichten erleichtern. Die Bibel benutzt eine bildhafte Sprache, und die Bilder, die sie verwendet, sind im Menschen tief verankert. Deshalb finden sich in der Bibel auch Analogien zu anderen Religionen. Josef Sudbrack spricht von Drewermanns „Bildtheologie", mit der er bei breiten Schichten der Bevölkerung großen Anklang gefunden habe. Doch auch hier betritt Drewermann kein Neuland. Vor Jahrzehnten bereits hat Hugo Rahner gezeigt, dass das Religiöse sich immer wieder in Symbolen ausdrückt, die in der menschlichen Psyche angelegt sind. Es ist auffallend, wie selten Drewermann Autoren wie Karl und Hugo Rahner oder Romano Guardini zitiert, die dem christlichen Glauben doch ähnliche Impulse wie er geben wollten.

Der protestantische Neutestamentler Gerd Lüdemann weist darauf hin, dass die Traumdeutung eine abwechslungsreiche, keineswegs geradlinige Geschichte hinter sich habe. „Die Einstellung der Mächtigen zu den Träumen war immer zwiespältig. Wenn sie in ihrem Sinn waren, galten sie als göttliche Offenbarung. Wichen sie davon ab, wurden sie als ‚teuflisches Blendwerk' verdammt."[46] Im antiken Rom galten Träume fast als staatsfeindlich, weil sie sich jeder Macht und Kontrolle entzogen. Ähnlich war es im christlichen Mittelalter. Sigmund Freud aber sieht in der Traumdeutung den „Königsweg" zur Erforschung des Unbewussten. Die Funktion der Träume liegt für ihn darin, verborgene und verdrängte Bedürfnisse, Wünsche und vorwiegend sexuelle Triebe symbolisch auszudrücken und sie scheinbar zu befriedigen. Aber Freuds Thesen, auf die sich Drewermann beruft, sind umstritten geblieben.

So vertritt C. G. Jung, Freuds Schüler und Gegenspieler, eine andere Auffassung. In seiner „komplexen Psychologie" steht nicht die Sexualität im Vordergrund, sondern der Konflikt, der durch die Entfaltung des „Selbst" im Menschen entsteht. Dieser Konflikt spiegelt sich in Jungs „Archetypen", den Ursymbolen, wider, die aus der Frühzeit der

Menschheit stammen und ihren Sinn nahezu unverändert bewahrt haben. Sie kommen aus dem kollektiven Unbewussten, das die überpersönliche Grundlage der Seele bildet, obwohl man bis heute nicht weiß, wie sie weitergegeben werden. Mit Hilfe dieser „archetypischen Symbole" glaubt Drewermann eine Brücke zwischen den alten Bibeltexten und dem modernen Leser bauen zu können. Die Interpretation archetypischer Symbole ist allerdings fast immer mehrdeutig. So wird zum Beispiel der Drache in Asien als Glücksbringer gesehen, während er im Westen das Böse verkörpert.

In seinem Buch *Tiefenpsychologie und Exegese* macht sich Drewermann daran, die Bibel als eine „traumnahe und überzeitliche Botschaft" tiefenpsychologisch zu entschlüsseln. Die biblische Botschaft kann auf dieser Ebene den großen zeitlichen und kulturellen Abstand überwinden und den heutigen Menschen direkt ansprechen.

In seiner Schrift *Dein Name ist wie der Geschmack des Lebens* (1986), einer tiefenpsychologischen Betrachtung der Kindheitsgeschichte Jesu, versucht er christliche Grundsymbole wie Jungfrauengeburt und die Auferstehung des Gekreuzigten auf dem Hintergrund der altägyptischen Symbole zu deuten.

In *Ich steige hinab in die Barke der Sonne* (1989) wird dieser Gedanke weitergeführt und betont, dass viel christliches Glaubensgut der altägyptischen Religion zu verdanken sei. Aus diesem Grund lehnt er jedes Überlegenheitsgefühl des Christentums anderen Religionen gegenüber ab. In seinem zweibändigen Werk über das Markusevangelium (1452 Seiten!) will er seinen Jesus „diametral dem traditionellen Jesus-Klischee" entgegenstellen. 1992 folgt der erste Band einer Auslegung des Matthäusevangeliums.

Drewermanns Vorgehen, sein tiefenpsychologischer Ansatz der Märchen- und Bibeldeutung wird von verschiedener

Seite in Frage gestellt. Ganz so eindeutig und unproblematisch, wie Drewermann es sich vorstelle, sei der Umgang mit der Märchenwelt und dem Unbewussten doch wohl nicht, warnt die Jungschülerin Marie-Louise von Franz. Eine zu starke und einseitige Aufnahme von unbewussten Mythen- und Märchenbildern berge Gefahren in sich. Wer sich dessen nicht bewusst sei, könne von diesen Bildern überwältigt, ja besessen werden. Dann verkünde man „Wahrheiten", ohne sie zu verstehen, überdehne und verliere die eigene Persönlichkeit und werde gewissermaßen zum „Radio-Ansager des Archetyps".

Gegen Drewermanns Versuche der Bibeldeutung, die theologisch schwer einzuordnen sind, haben die meisten Kollegen grundsätzlich nichts einzuwenden, wohl aber gegen seinen Anspruch auf Ausschließlichkeit, als ob es keine bessere Methode gäbe. Kritiker befürchten, die Drewermannsche Weise, Träume zu deuten, würde der Manipulation Tor und Tür öffnen.[47] Der Jesuit Josef Sudbrack fragt: „Ist das noch Bibeldeutung? Oder Freudsche Psychoanalyse? Oder einfach Poesie, die zweifellos reizvoll ist, aber dem Text Gewalt antut?"[48] Er sieht jedoch einen Verdienst Drewermanns darin, durch seine anschauliche Bildtheologie den Leser betroffen zu machen, um mit den „Augen des Herzens" zu verstehen.

Gerd Lüdemann findet, dass dem durch die Psychoanalyse modernisierten Bibeltext ein „fremdes Menschenbild" übergestülpt werde. Durch die Missachtung der geschichtlichen Herkunft der Schriften käme es neben der unerbittlichen Kirchenkritik auch noch zu einem Antijudaismus, der längst überholt zu sein schien. „Warum wird das nun wirklich falsch Bild der Pharisäer in ihrem Verhältnis zu Jesus immer und immer wieder von Drewermann herangezogen?" fragt er und warum Drewermann nicht endlich einmal auf die notwendigen historischen Fragen eingehe. Auch die „Jüdische Rundschau" greift den Vorwurf eines Antijudaismus bei Drewermann auf: „Für Drewermann ist es der von den Juden in die Welt gesetzte Monotheismus, der die Welt in ein Jammertal verwandelt hat. Und diese Schuld wiegt um so schwerer, als die jüdische Irrlehre auch Christentum und Islam ihren Stempel aufgedrückt hat."[49]

Andere theologische Kollegen lehnen Drewermanns Bibeldeutung gänzlich ab, wie zum Beispiel F. Scharfenberg, der spöttisch nach der „Neurosenlehre" in der jahwistischen Urgeschichte fragt: „Primitiv gesprochen: Ich wünsche mir dringend Überlegungen darüber, wer die psychoanalytischen Ostereier, die Drewermann mit so freudiger Überraschung allenthalben bei Jahwisten entdeckt, versteckt hat: Der liebe Gott, der den Jahwisten und Sigmund Freud geschaffen hat; der Jahwist, dieses psychoanalytische Naturtalent? Der Jude Freud? Oder womöglich Drewermann selbst?"[50]

Ein weiterer für Drewermann vorrangiger Fragenkomplex umfasst den Themenkreis Ökologie-Ökonomie-Dritte Welt. Die Welt verändere sich mit der technischen Revolution in rasantem Tempo. Die Gefühle und Affekte des Menschen aber seien die gleichen geblieben, nicht über die Steinzeit hinausgekommen. Die Natur brauche 30.000 Jahre, um eine neue Art hervorzubringen. In der Technik spreche man von Computergenerationen, die nur einige Jahre dauern. So bestehe die Gefahr, dass sich das Ungleichgewicht zwischen Mensch und Natur in dramatischer Weise zuspitze. In seinem Buch *Der tödliche Fortschritt* sieht er die Zerstörung der Erde und des Menschen „im Erbe des Christentums" kommen und macht die Kirche für diese Fehlentwicklung mitverantwortlich.[51]

Ein grüner Theologe nach Häuptling Seattle

Seine „grüne Theologie" fordert die Abkehr vom anthro-
pozentrischen Bibelverständnis, das den Menschen zum
Zweck der Schöpfung und Höhepunkt der Evolution mache. Statt dessen verlangt er die radikale Rückbesinnung auf
die Liebe zur Mutter Erde, wie man sie noch bei naturver-
wurzelten Stammeskulturen finde. Als Lehrbeispiel dient
ihm die berühmte Rede „Mutter Erde, Bruder Himmel",
die man dem Häuptling Seattle zugeschrieben hat. Der Du-
wamish-Indianer geißelt darin die rücksichtslose Ausbeu-
tung der Natur durch die Weißen und stellt sie in Gegensatz zur Ehrfurcht, die man bei den „Wilden" der Größe und
Heiligkeit der Schöpfung entgegenbringt. Heute allerdings
gibt es in der Fachwelt große Zweifel, ob die Rede wirklich
eine authentische indianische Weltsicht widerspiegelt oder
nicht vielmehr eine christlich geprägte Nachdichtung ist.
Mit Pathos tritt Eugen Drewermann der Tierquälerei in der
Industriegesellschaft entgegen und fordert eine neue Einstellung der Menschen zum Tier. Der Mensch habe nicht
das Recht, Tieren vermeidbaren Schmerz zuzufügen. „Das
christliche Abendland kennt keine Ethik, die das Leid der
Tiere und das Leiden von Menschen als gleichgewichtig erscheinen ließe. Denn nur Menschen sind unsterbliche Wesen."[52] Drewermann fordert „eine grundlegende Neube-
sinnung, die mit dem bisherigen jüdisch-christlichen
Anthropozentrismus bricht und zu einem Einheitsdenken,
zu einem religiösen Welterleben zurückfindet, das in der
abendländischen Geistesgeschichte als unchristlich, ja pan-
theistisch bekämpft wurde."
Dem Christentum sei es nie um die Tiere gegangen. Auch
der Heilige Franziskus mit seiner Naturpoesie habe an der
Einstellung der Kirche und dem Los der Tiere nichts geändert und diene dem Christentum meist nur als Alibi. Doch

gerade die Liebe des Franz von Assisi zur Schöpfung, die in seinem „Sonnengesang" deutlich wird, hat in einem der bekanntesten Tierschützer unserer Tage, dem Schweizer Franz Weber, Früchte getragen: Weber hat immerhin eine Volksiniative gegen Tierversuche und zahlreiche Tribunale gegen die grausame Behandlung und Ausrottung von Tieren organisiert. „Zu Franziskus habe ich mich immer besonders hingezogen gefühlt", sagt Weber im Gespräch mit der Verfasserin. „Als Kind war ich sehr katholisch und fromm, war beeindruckt von Marienverehrung und Maiandachten. Deswegen kann ich die überschwängliche Liebe des Franziskus zu unser mütterlichen Schwester Erde sehr gut nachempfinden."[53]

Scharf geht Drewermann mit den reichen Industrieländern und ihrem Sozialegoismus, ihrer Rücksichtslosigkeit gegenüber der Dritten Welt ins Gericht. Die Kirche stehe stets auf der Seite der Machthaber. Ihr fehle der Mut, die Mächtigen zurechtzuweisen, sie aufzufordern, ungerechte Bedingungen im Welthandel zum Nachteil armer Länder zu ändern. Lebte er in Brasilien, dann würde er wohl auch – wie der rebellierende Franziskaner Leonardo Boff mit seiner „Theologie für die Menschen auf der Straße" – als Befreiungstheologe für die Verbesserung der politisch-sozialen Strukturen und der Lebensverhältnisse der Armen kämpfen. Anders als im wohlhabenden Europa, wo Drewermann seine Aufgabe darin sieht, den gequälten und neurotischen Seelen der Menschen seine heilenden Worte zu bringen.

Wider die Anti-Sex-League

Ein weites Echo hat vor allem der Frontalangriff des Psychoanalytikers Drewermann auf die Sexualmoral der katholischen Kirche, ihre Lebens- und Lustfeindlichkeit und das

Zölibat gefunden. Seit Freud wisse man, dass, wer die Sexualität zur Sünde mache, vitale Kräfte zerstöre und das Denken einenge. Die Unterdrückung der Lust durch christliche Moral habe schwere masochistische und sadistische Verformungen zur Folge. Besonders junge Frauen hätten sich deshalb von der Kirche abgewendet, sie würden förmlich aus der Kirche hinausgetrieben. Das alles erinnert ihn an die „Anti-Sex-League" in Orwells berühmtem Buch „1984". Drewermann wendet sich kategorisch gegen das Verbot der Empfängnisverhütung und plädiert immer wieder für die „freie Liebe".

Für die „katholische Trinität" von Vaterautorität, Triebunterdrückung und Frauenambivalenz zwischen Madonna und Hure sei das Zölibat unverzichtbar. Mit ihrem radikalen Verdikt gegen die Emanzipation versperre die Kirche rund 500 Millionen Katholikinnen den Zugang zur Hierarchie. Opfer der Unterdrückung seien auch die 900.000 Nonnen, die in Klöstern und Ordensgemeinschaften gnadenlos ausgebeutet würden. Ihnen räume man nicht mehr Recht ein als den „Kindern und Schwachsinnigen". Drewermann bezweifelt deshalb, dass die Kirche zu Reformen fähig sei. Dazu könne sie, wie schon gesagt, nicht durch „Einsicht", sondern nur durch „Einsturz" gebracht werden.[54]

In seinem Buch *Die Botschaft der Frauen* (1992) will er beweisen, dass sogar das „patriarchale" Alte Testament und ganz besonders Jesus von Nazareth auf Seiten der Frauen standen. Man hätte Jesus bestimmt nicht getötet, wenn auch nur ein einziger der maßgeblichen Männer auf die Frauen in der Leidensgeschichte gehört hätte. Doch wo in unserer so praktisch eingerichteten Männerwelt hätten Träume je etwas gegolten? Solange wir unsere Träume töten, unsere Gefühle unterdrücken und die Welt der Frauen zum Schweigen verurteilen, bleibt der Karfreitag unser aller

Schicksal, verkündet Drewermann in düsterer Stimmung. 1992 erschien sein historischer Roman *Giordano Bruno oder Der Spiegel des Unendlichen*. Drewermann versucht hier, die letzten Tage Giordano Brunos vor der Verbrennung anhand von historischen Dokumenten nachzuzeichnen. Er will vor dem geistigen Auge des Lesers „das bewegte Leben und die Lehre dieses genialen Denkers" erstehen lassen. Bei der Kritik stieß das Buch mehrheitlich nicht auf Begeisterung. So schrieb die FAZ, „der medienverwöhnte Kirchenkritiker aus Paderborn" glaube, in dem im Jahre 1600 auf dem Campo Fiori in Rom verbrannten Ketzer seinen Schicksalsgefährten und Bruder im Geiste zu erkennen. „Freunden solch preziösen Edelschrotts … sei nicht verschwiegen, dass sich Erhebendes von ähnlichem Kaliber zuhauf nicht zuletzt auch in den reichlich eingestreuten Dokumenten Drewermannscher Lyrik findet." Schließlich ist Drewermann auch noch unter die Theater-Theologen gegangen. Er hat den Stoff seines „Bruno"-Buches für ein Bühnenstück verwendet. Im Oktober 1995 gab er – in der Berliner Urania – mit dem Stück *An Euren Gott wird niemand mehr glauben* sein Debüt als Dramatiker. Auch hier will er erneut den Konflikt zwischen religiösen Dogmen und der Offenheit von Leben und Denken aufzeigen.

Eine klerikale Schocktherapie

Mit der Schrift *Kleriker. Psychogramm eines Ideals* (1989) erreichte der Streit mit der Kirche seinen Höhepunkt. Die Kommentatoren überschlugen sich in höchstem Lob oder aber lehnten Drewermanns „klerikale Schocktherapie" kategorisch ab. In diesem Werk versucht der Psychoanalytiker auf 900 Seiten schonungslos die „Doppelbödigkeit" des kirchlichen Machtapparates zu enthüllen und die „psychische Zerrissenheit und Deformation der Amtschristen" aufzuzeigen. Als Einzelpersonen seien diese Kirchenmenschen völlig verkümmert. Er versteigt sich sogar dazu, die Kirche als ein „Wahnsystem von psychisch Kranken" zu beschreiben. Dabei beruft er sich auch auf Sigmund Freud, der die katholische Kirche schon in den dreißiger Jahren als „zwangsneurotisch" bezeichnet habe.

Mit der Kirche geht er hart ins Gericht. Er will sie „erschüttern" und „grundlegend erneuern". Er meint aufgezeigt zu haben, „wie das verkannte Ideal von der Kirche lebensgerecht verwirklicht werden kann", um der „wahrhaften Kirche" Platz zu machen. Und immer wieder fordert er in Anlehnung an ein Wort des Propheten Jeremia die Gläubigen auf, „für den Untergang der Kirche zu beten, damit Gott anfangen kann, direkt in die Herzen der Menschen zu schreiben."[55] Der Kirche geht es aus seiner Sicht nur um Macht, Autorität, patriarchalische Hierarchie, Geldstreben und Einfluss. Die „wirklichen Fragen" der heutigen Menschen bekümmerten sie wenig. Auf dem Drewermann-Video *Das Eis schmilzt* hört man ihn Theologen insgesamt wenig schmeichelhaft mit einer Ölpest vergleichen, die den Fischen, sprich den Gläubigen, jede Luft zum Atmen nehmen würden. Sie hätten während ihres Studiums „eine Million Mark" gefressen, seinen toter als die Mumien Ägyptens und gehörten beseitigt.

Viele Gläubige verletzt das Bild, das hier von ihrer Kirche entworfen wird, von den „Psychokrüppeln" im Priesteramt eines „Terrorsystems", das jede Menschlichkeit verloren habe. „Um wirklich glauben zu können, dass alle Priester und Ordensleute kranke, total kaputte Typen seien, dürften einem freilich nicht so viele Priester bekannt sein, von denen sich das Gegenteil behaupten lässt", meint dazu G. Greshake.[56] Drewermann selbst betont jedoch in seinem Buch *Kleriker*, dass es nicht darum gehe, die Person der Kleriker ins Zwielicht zu rücken, sondern dass es wesentlich so sei, wie er es schildere.[57]

Drewermann mit seiner „rohen Hammertherapie"[58] will nicht wahrhaben, dass sich Kirchenleute von anderen Menschen nicht wesentlich unterscheiden, „dass wir alle arme Teufel sind, die sich mit einem schwierigen Schicksal herumschlagen müssen, dessen Anfang und Ende unbekannt sind."[59] Wie der von Drewermann gern zitierte österreichische Dichter Ödön von Horvath, der die „Geschichten aus dem Wienerwald" verfasst hat, uns immer wieder vor Augen führt, bilden wir alle eine „Gemeinschaft von Opfern und Tätern", in der die Menschen zu verschiedenen Zeiten recht und unrecht haben.

IV Eugen Drewermann – Bedeutung und Wirkung

Was will Drewermann? Was hat er erreicht? Der Rebell von
Paderborn hatte sich ein anspruchsvolles Ziel gesetzt, als er
seinen Kreuzzug gegen die Kirche begann. Es ging und geht
ihm nach seinen eigenen Worten um nicht weniger als eine
„Regeneration des gesamten religiösen Lebens aus dem
Zentrum der Persönlichkeit heraus". Lange glaubte er, er
könne den „zu Tode erkrankten Organismus der Kirche"
reformieren. Denn er liebte seine katholische Kirche und
hielt sie für eine ausgesprochen wichtige Institution der
abendländischen Kultur: „Ich bejahe diese Kirche, indem
ich sie, wie ich sie vorfinde, verneine", erklärte er in einer
seiner bisweilen paradoxen Formulierungen. Der herkömmlichen scholastischen Theologie wirft er vor, sie wisse mit ihren ausgefeilten Spekulationen „mehr über Gott als
den Menschen".
Auch 1995, angesichts der neuen vatikanischen Moral-En-
zyklika „Evangelium Vitae", die sich grundsätzlich mit den
„gegenwärtigen Bedrohungen des menschlichen Lebens"
auseinandersetzt und Abtreibung, Selbstmord und Sterbe-
hilfe verurteilt, wiederholte Drewermann seine Vorwürfe.
Er hält dem Papst vor, dieser benötige weder die Anthropologie noch die Psychologie, weil ihm eine Dämonologie zu

Diensten stünde: „Nicht was im Menschen vor sich geht, ist sein Metier, sondern die mythische Metaphysik seiner Dogmen. Darum ist ihm alle psychologische und bibeltheologische Aufklärung verhasst." Ein unfehlbares Lehramt dürfe nicht zulassen, dass die Moral sich nach menschlichen Erfahrungen richtet – sonst müsse man die Psyche der Menschen kennen und ihre Empfindungen mit berücksichtigen.[60] Der einzige Maßstab am Tag des Jüngsten Gerichts aber werde sein, „wie menschlich wir gegenüber Notleidenden, Gefangenen und Hungernden gewesen sind."

Der neue katholische Erwachsenenkatechismus ist für Drewermann „unchristlich" und nichts als „ein Dokument der Unaufrichtigkeit". In den Dogmen sieht er Hindernisse auf dem Weg zu Gott. Bei den Gründen, die zur Suspendierung des französischen Bischofs Jacques Gaillot von Kanzel und Lehrstuhl Anfang 1995 geführt haben, soll auch ein – nach Kardinal Joseph Duval – „unerträgliches" Fernsehgespräch mit Eugen Drewermann eine Rolle gespielt haben. Drewermann stellte daraufhin die Frage, ob nun nicht die Zeit für den Rücktritt des Papstes gekommen sei.

Schon seit einiger Zeit wurden Drewermanns Angriffe auf die verruchte Kirchenhierarchie immer heftiger und radikaler. Er hat längst den Glauben an die „Einsicht" und Reformierbarkeit der Kirche verloren. In ihrem „Einsturz", in ihrer Zerstörung sieht er nun die Rettung. Aus dem Reformator ist längst der Rebell, der Aufwiegler, der Provokateur geworden.

Man fühlt sich fast an Voltaires berühmten Ausspruch erinnert: „Ecrasez l'Infame" – „Rottet die Schändliche aus!" Der französische Aufklärer meinte damit allerdings nicht nur die katholische Kirche, sondern auch alle an den „Aberglauben" appellierenden Sekten. Seine Briefe unterzeichnete er oft mit der Abkürzung „Ecrlinf", um seine Abscheu vor dem Glaubenszwang auszudrücken und die damals bestehende Briefüberwachungspolizei zu täuschen. Renate Köcher hingegen befürchtet, dass ein Christentum ohne Kirche kaum überleben könnte. „Man kann keine Werte durch Tausende von Jahren tragen, ohne Organisationsstrukturen, ohne ein institutionelles Dach", sagt sie im Gespräch mit der Verfasserin.[61]

Einbruch in die kirchliche Festung

Es wäre sicherlich verfrüht, über Drewermanns Werk, seine Wirkung schon heute ein fertiges Urteil fällen zu wollen. Fest steht, dass der Ketzer aus Westfalen zur größten Herausforderung der katholischen Kirche seit dem Kriegsende 1945 geworden ist; seit langem hat sie keinen Priester in Deutschland so hart gemaßregelt. Auch protestantische Kirchenführer fühlen sich betroffen und möchten wissen, warum die Leute Drewermann so interessant finden. Im erzkatholischen Paderborn gibt es neben der Kritik der Kollegen auch manches Lob für den Querdenker. Man verwirft zwar seine „exzessive Philosophie der Subjektivität und Polemik gegen die Kirche", räumt jedoch ein, dass er vielen Menschen neue Wege zum Glauben eröffne.

Selbst Erzbischof Johannes Joachim Degenhardt, der den Rebellen suspendiert hat, bestreitet nicht, dass es im Fall Drewermann auch positive Aspekte gibt: Seit Jahren sei nie mehr so viel und intensiv über den christlichen Glauben gesprochen worden. Obwohl Degenhardt ihn wegen seiner kontroversen Ansichten ausgestoßen hat, billigt er Drewermann zu, auch in der Kritik an der kirchlichen Autorität „ein Sprachrohr vieler" zu sein. Ein großer Teil von Drewermanns vielbändigem Werk ist von der offiziellen Kirche ohnehin nie beanstandet worden. „Drewermann spricht viele, wohl die meisten seiner Anhänger in ihrem menschlichen religiösen, christlichen Suchen an, berührt etwas in ihnen, das sie beglückt; er hilft nicht wenigen, neu und froher zu glauben", erklärt auch der Mainzer Bischof Karl Lehmann.[62] Der Geist Drewermanns scheint bereits tief in die „kirchliche Festung" eingedrungen zu sein. Man hatte ihm verboten, an katholischen Fortbildungskursen mitzuwirken, um den „gefährlichen Ketzer von Paderborn" zu bannen. Aber das ist offenbar nicht gelungen. „So muss die Kirche mit dem Dilemma leben, dass ein großer Teil der katholischen Lehrerschaft nach Drewermanns Methode unterrichtet" (Helmut Benz), obwohl der Erzbischof ihm die Lehrbefugnis entzogen hat. Für das schwierige und bei den Schülern oft ungeliebte Fach Religion hätten sich Drewermanns „Bilder der Erlösung" im Umgang mit der Bibel als außerordentlich hilfreich erwiesen.

Viele Katholiken können sich mit Drewermanns Kirchenkritik durchaus identifizieren, weil sie argwöhnen, die „römische Kirchenleitung würde den Geist des II. Vatikanums mit seinem Kirchenbild eines ‚pilgernden Gottesvolkes' verraten und sich einem ‚fundamentalistischen Integralismus' zuwenden. Indizien dieser Entwicklung sehen sie in der konsequenten Personalpolitik Roms, in der auffallenden Zunahme konservativer Bischofsernennungen unter Johannes Paul II."

„Wofür sollten die neuen ‚konservativen' Bischöfe ohne Wenn und Aber sein? Für die Enzyklika ‚Humane vitae', für alle traditionellen Lehren zur Sexualmoral, für das Pflichtzölibat, für intensive Marienverehrung, für absoluten Gehorsam gegenüber dem Papst und seinen Delegierten, für eine traditionelle Priesterausbildung und das Tragen des Priestergewandes."[63] Auf der gleichen Linie liegt die umstrittenste Heiligsprechung des Jahrhunderts, die von Opus-Dei-Gründer Josemaria Escriva. Man befürchtet eine Neuauflage der Modernismusbekämpfung durch die römische Kurie in Kirche, Medien und Theologie.

Am Erfolg des Aufrüttlers Drewermanns, an seiner Breitenwirkung ist kaum mehr zu zweifeln. Er hat das Ohr der Massen gefunden, einflussreiche Medien mobilisiert und auf seine Seite gebracht. Der begehrte Redner ist heute so bekannt, dass er selbst die lange Liste seiner Einladungen aus Deutschland, der Schweiz, Holland, Frankreich und Luxemburg kaum mehr überblicken kann und auf Jahre hinaus ausgebucht ist. Nach der Preisverleihung durch die „Herbert Haag-Stiftung für Freiheit und Kirche" im November 1992 gehört er heute zusammen mit Hans Küng und anderen bekannten Dissidenten zum Club der prominenten Kirchenkritiker. Er hat schonungslos Schwächen der Kirche aufgedeckt und ihre Wortführer in die Defensive getrieben. Im „religiösen Supermarkt" (Roland Campiche) des ausgehenden 20. und beginnenden 21. Jahrhunderts hat er seine Nische gefunden.

Im September 1994 wurde Drewermann in Berlin für besondere Leistungen in der wissenschaftlichen Volksbildung mit der „Urania-Medaille" ausgezeichnet. Bei dieser Gelegenheit gab er der „Berliner Zeitung" fast schon banal klingende theologische Erklärungen. Nach dieser „Pseudotheologie" ist die „Hölle" nicht heiß, sondern eiskalt. „Sie kann unser Leben sein, die Versteinerung der Gefühle, die mangelnde Selbstliebe." Über die Religion heißt es, sie sei „die Liebe zu sich selbst. Der Mut zu leben – und seinen Gefühlen voll zu vertrauen."[64]

In diesen Aussagen klingen die philosophischen Vorstellungen des Solipsismus an. Für den theoretischer Egoismus wird das subjektive Ich zum einzig Seienden. In seiner extremen Variante hält der Solipsismus nur mehr das eigene Ich und seine seelischen Zustände für real. Alles andere ist nur in der Vorstellung vorhanden. Drewermanns Definition: „Meine

Religion ist, mich selbst zu leben und mir selbst zu vertrauen", gemahnt fast schon an den Satz des anarchistischen Philosophen Max Stirner, einem Vertreter des materialistischen Solipsismus: „Mir geht nichts über mich."

Woraus erklärt sich der fast kometenhafte Aufstieg dieses rebellierenden Predigers? Man muss seinen Erfolg wohl auf dem Hintergrund der geistig-moralischen Krise der Gegenwart sehen, die religiösen Neuerern – wahren wie falschen Propheten – ein aufnahmewilliges Publikum zutreibt. Die Wurzeln dieser Krise lassen sich bis in die Aufklärung zurückverfolgen. In unserer Wohlstandsgesellschaft mit ihrem extremen Individualismus und Subjektivismus, ihren Sehnsüchten und Träumen von persönlicher Freiheit und Selbstverwirklichung, ihrer „Permissivität" (Alles ist erlaubt!), ihrer Suche nach einem neuen Sinn des Daseins stößt der Tröster und Sinnvermittler auf fruchtbaren Boden. Davon zeugen die vielen Sekten, die „neuen Religionen" und Weltanschauungen unserer Tage, die Verbreitung esoterischer Literatur aller Art, auch die New-Age-Bewegung. Manche fühlen sich an das Diktum von Karl Rahner erinnert, der befürchtete, Deutschland könne zu einem heidnischen Land mit christlichen Restbeständen werden.

Nietzsche hatte diesen „Nihilismus" schon vor hundert Jahren in *Der Wille zur Macht* vorausgesehen: „Was ich erzähle, ist die Geschichte der nächsten zwei Jahrhunderte. Ich beschreibe, was kommt, was nicht mehr anders kommen kann: die Heraufkunft des Nihilismus. Unsere ganze europäische Kultur bewegt sich seit langem schon wie eine Tortur der Spannung von Jahrzehnt zu Jahrzehnt, wie auf eine Katastrophe los: unruhig, gewaltsam, überstürzt: einem Strom ähnlich, der ans Ende will, der sich nicht mehr besinnt, der Furcht davor hat, sich zu besinnen." Und er fragt: „Was bedeutet Nihilismus? – Dass die obersten Werte sich entwerten. Es fehlt das Ziel. Es fehlt die Antwort auf das

‚Wozu‘ … Der ganze Idealismus der bisherigen Menschheit ist im Begriff, in Nihilismus umzuschlagen – in den Glauben an die absolute Wertlosigkeit, das heißt Sinnlosigkeit."[65]

Wenn die Kirchen versagen

Die Kirchen sind nicht in der Lage gewesen, dieser gewaltigen Herausforderung durch eine Erneuerung von Innen zu begegnen. Sie haben keine befriedigenden Antworten auf die Fragen nach dem Sinn des Daseins in unserer Zeit zu geben vermocht und vor der Heraufkunft dieses „Nihilismus" in den Augen der Zeitgenossen versagt. Mit ihren alten Formeln, ihrer weltfremden Sprache, ihrem hierarchischen Denken erreicht besonders die katholische Kirche den verunsicherten Alltagsmenschen kaum noch und ist obendrein nicht willens, mit ihren Ketzern ins Gespräch zu kommen. Statt mit ihnen um neue Erkenntnis zu ringen, schließt man Abweichler aus.

Viele Gläubige fühlten sich durch die Neuerungen des II. Vatikanums verunsichert, durch den Verlust der katholischen „Identität", für die es kein Heil außerhalb der Kirche gegeben hatte. Dann begann ein verspäteter und überstürzter Dialog mit der säkularisierten Welt. Doch der Schock des II. Vatikanums hat nun wieder restaurative Kräfte auf den Plan gerufen, die heute schon die Oberhand zu gewinnen scheinen. Statt die Herausforderungen der Massengesellschaft anzunehmen, richtet man den Blick erneut nach Innen und vergeudet viel Kraft bei Konflikten über Bischofsernennungen – ein letztes Aufbäumen in einer sich demokratisierenden Welt?

Vielleicht aber hofft die Kirche, im Dissidentenstreit, wie schon so oft, den längeren Atem zu haben und dass sich die wankelmütige, spontane Masse, die sich heute um Drewermann schart, auflösen und ihn sehr bald wieder vergessen könnte.

Erschien vielen Zeitgenossen der Weg eines Priesters oder einer Nonne bisher schon nicht sehr verlockend, so fühlten sie sich durch Drewermanns schonungslose Kritik in ihren Bedenken noch bestätigt. Aus protestantischer Sicht scheint ein Leben im Gebet, besonders in meditativen Orden, wie eine Flucht vor den Mühen des Alltags. Die Skepsis, die aufgeklärte und wissenschaftlich geschulte Menschen der Kirche entgegenbringen, wurde durch Drewermann also noch bestärkt. Da die Kirche als Institution ihren Idealen nicht gerecht werden und heute über alle, die nicht direkt mit ihr zu tun haben, keine Macht mehr ausüben kann, wird sie oft zur Zielscheibe des Spottes. Gleichzeitig aber bringt man Gestalten wie Mutter Teresa oder Schwester Emanuelle, die doch auch dem „unterdrückten Nonnenstand" entstammen, die größte Bewunderung entgegen.[66]

In dieser Schwäche der Kirche liegt Drewermanns Stärke. Mit seinen Märchendeutungen als Gegenpol zu einer durch Wissenschaft und Materialismus entzauberten Welt gelingt es ihm, Menschen betroffen zu machen. Neu sind seine Themen wohl nicht. Vieles von dem, was Drewermann aufgreift, hat die Geister seit den Zeiten des Religionsphilosophen und Poeten Georg Friedrich Daumer, eines längst vergessenen Vorläufers Nietzsches vor 150 Jahren, bis hin zu Ludwig Klages[67] und vielen anderen bewegt. Neu ist vielmehr die Art, wie Drewermann es sagt, wie er die Horizonte auf bisher tabuisierte Gebiete, wie die Tiefenpsychologie, hinaus erweitert und alles zusammenbringt. Viele werden heute zwischen dem aufgeklärten Wissen, das alles erklären will, und der Sehnsucht nach Innigkeit und Wärme, Weihrauch und Kerzenschein als Sinnbildern einer unsagbaren Welt hin- und hergerissen. Mit einer Sprache, die die Welt der Träume und den grauen Alltag wieder verbinden möchte, will

Drewermann diese Lücke zwischen Glauben und Wissen füllen und die Sehnsucht nach einem Raum der Geborgenheit stillen.

Rebell oder Prophet?

Und doch schwankt das Bild des streitbaren Mannes und Predigers wider die Angst, der ganz aus dem Rahmen des herkömmlichen Priestertums fällt und für seine Botschaft die Kirche, so wie sie ihm erscheint, eigentlich gar nicht mehr braucht. Es ist das Bild eines Einzelkämpfers, der in seiner eigenen, selbstgefertigten Welt lebt und träumt und oft an der harten gesellschaftspolitischen Wirklichkeit mit allen ihren Schattierungen vorbeisieht. Dadurch verstrickt er sich in Unklarheiten und Widersprüche. So kann sein schillerndes Bild den einen als Rebell und Widersacher, den anderen als Prophet und Hoffnungsträger erscheinen. Vielleicht treten Dimension und Grenzen seiner Persönlichkeit deutlicher hervor, wenn wir versuchen, ihre Stärken und Schwächen einander gegenüberzustellen.

Wer ihm begegnet, wer ihn auf seinen Veranstaltungen oder auch im kleinen Kreise beobachtet hat, ist von seiner Ausstrahlung auf die Zuhörer beeindruckt. Mit seiner Emotionalisierung erreicht er besonders viele Frauen. Man will ihn immer wieder hören. In einem Wort: Drewermann hat Charisma. Hier liegt wohl seine größte Stärke. Manche Kritiker wollen im Massenzulauf des vielgefragten Sälefüllers gar ein beunruhigendes Bedürfnis nach priesterlicher „Führerschaft" und Idolisierung sehen. Drewermann würde diese Tendenz zur „Verklärung" seiner Person durch seine „Selbstdarstellung" noch ganz bewusst verstärken. Außerdem umgebe er sich mit dem Ruf des Verfolgtwerdens. Der Kirchenkämpfer muss sich gefallen lassen, von boshaften

Kollegen als Demagoge beschimpft und wegen seiner geistigen „Führer-Gefolgschaft" mit Hitler verglichen zu werden. Oder man bringt ihn wegen seiner Unverbindlichkeit in Glaubensfragen in die Nähe von „neu-frommen Bewegungen mit folkloristischem Einschlag".

Seine Botschaft ist einfach: Die Religion ist in euch, glaubt an euch selbst, lauscht auf eure innere Stimme. Das geht den Leuten ein. Mit tröstenden Worten ermutigt er ihr Selbstgefühl, befreit sie von vermeintlicher moralischer Bevormundung unter der gestrengen Aufsicht der Kirche – Ablass ohne Buße. Er spricht viel von Selbstverwirklichung, Sehnsüchten und Träumen, wenig von Zwängen und Pflichten im grauen Alltag. Oft ist sein Urteil einseitig, polemisch, apodiktisch, übertrieben – aber stets mit einem Körnchen Wahrheit versehen. Er verabsolutiert, arbeitet mit einprägsamen Begriffen: die böse Kirche als Sündenbock, der arme Mensch als Opfer, der gute Drewermann als Retter! Auch das spricht viele in einer Zeit der Unverbindlichkeit und geistigen Führungslosigkeit an.

Profil der Courage

Zu seinen Stärken gehören auch seine unermüdliche Schaffenskraft, sein Mut, gegen den Strom einer „autoritären" Institution zu schwimmen, auch wenn er sich selbst nicht als einen besonders mutigen Menschen darstellen möchte, sondern als jemanden, den – fast wider Willen – die seelische Not der anderen zur Rebellion getrieben hat. Die Tageszeitung „Die Welt" zählte ihn 1992 zu den Persönlichkeiten, die sich durch besonders große Zivilcourage auszeichneten.[68] Er habe auf römischen Druck hin alles verloren, was bisher Inhalt und Mitte seines Lebens war: Lehrbefugnis, Predigterlaubnis, Priesteramt – und gebe doch nicht auf. In seinen Schicksalsjahren habe der „schmächtige Rebell" ein Buch über den Dominikaner Giordano Bruno geschrieben, der acht Jahre im Gefängnis der Inquisition verbrachte, bevor er 1600 verbrannt wurde.

Aber auch Schwächen und Begrenzungen treten im Charakterbild Drewermanns mit der Zeit deutlich hervor. Seine Aggressivität und Humorlosigkeit, sein Mangel an Selbstkritik, seine Einseitigkeit, die bisweilen zur Intoleranz, zum Fanatismus werden kann, stoßen nicht nur seine Widersacher, sondern auch manchen Kollegen und Leser vor den Kopf. Seinen Gegnern kann Drewermann nicht verzeihen. Er benütze „steinzeitliche Waffen einer ungezügelten Aggression", moniert Albert Görres, einer seiner schärfsten Kritiker. Auch dem Drewermann sonst gewogenen Josef Sudbrack missfällt seine „persönlich verletzende Polemik" etwa gegen die politische Theologie von Johann Baptist Metz. Hier liegt wohl einer der Gründe dafür, warum – anders als im Fall Küng, der 1979 bis 1980 eine rege Diskussion auslöste – sich die Theologen wie auch die Tiefenpsychologen jetzt mehrheitlich ausschweigen und sich auch nicht in Zeitungsartikeln und Hintergrundgesprächen äußern wollen.

Sudbrack hält ihm doch zugute, dass sich hier vielleicht der Hilfeschrei eines Menschen widerspiegele, der, in die Enge getrieben, verzweifelt um sich schlage und sich zugleich schon als überlegener Sieger fühle. Auch Gregor Fehrenbacher fragt mit Gabriel Marcel Martin, gegen welches „patriarchale, kirchliche, persönliche Über-Ich" Drewermann eigentlich anschreibe und warum er sich scheue einzugestehen, dass seine theologischen Interpretationen subjektiv seien und daher nicht allgemeingültig sein könnten.[69] Auch vermisst Fehrenbacher bei den scharfen Kontroversen mit der Kirche die gewaltfreie Sprache der Bilder, die der Therapeut Drewermann sonst fordere.[70]

Drewermanns Umgang mit der Tiefenpsychologie, die er fast zum Dogma erhebt, ist umstritten. Auch hier neigt er zur Verabsolutierung und zu Ausschließlichkeitsansprüchen, wenn er alles und jedes aus dieser besonderen Sicht sehen und interpretieren will. Jeder Tiefenpsychologie sei sein eigener Papst, ironisieren die Kritiker. Man müsse jetzt wohl zuerst Tiefenpsychologie studieren, um die Bibel zu verstehen. Drewermann mache es sich wirklich zu einfach, wenn er allen denen, die diesem Ansatz nicht folgen wollen, einfach sage, sie litten selbst an seelischen Störungen (Sudbrack). Der Philosoph Karl Popper wirft der ganzen Tiefenpsychologie vor, sie versuche sich unwiderlegbar zu machen und gegen sachliche Einwände zu immunisieren, indem sie jeden, der ihren Thesen nicht zustimmt, der Verdrängung bezichtige, und werde dadurch unwissenschaftlich.[71]

Andere wieder sehen in Drewermanns Eklektizismus eine Schwäche. Gemeint ist seine Tendenz, aus vielen Wissensquellen zu schöpfen und nach Belieben zu zitieren, ohne das Ganze zu einer wirklichen Synthese zu bringen. Daher fehle bei ihm auch, abgesehen von einigen Grundthesen, eine klare Konzeption. „Ein Schwamm, der alles aufsaugt und zu einem faszinierenden, aber unverdaulichen Gewölle assoziiert, das er seinen Hören und Lesern mit der schönen Unbefangenheit weiterreicht, die unter Gebildeten so üblich ist", ironisiert Dieter J. Opitz in der „Berliner Morgenpost".[72]

Drewermanns Werk bleibt ein Torso. Seine wortreichen Schriften verwirren oft mehr als sie klären. Weniger wäre da mehr, meint mancher Leser. Man bemängelt auch, dass Drewermann sich trotz seiner offenbaren Sprachbegabung allzu gerne populärer Schlag- und Modeworte bediene. Auch hier widerspricht sich der Verkünder der einfachen Sprache. Polemisch eingesetzte Substantivismen, Ausdrücke wie beispielsweise „bischöfliche Funktionswissenschaften" und viele andere tragen Spuren der Theologensprache, die er doch überwinden will.

Wo steht Drewermann im politisch-ideologischen Spektrum? Gern engagiert er sich für „oppositionelle" und „grüne" Themen, zeigt sonst aber wenig Verständnis für soziale und politische Realitäten und ihre Zwänge. Zum Liberalen wie zum Sozialisten fehlt ihm die Überzeugung, dass alle Freiheit in der modernen Gesellschaft nur in Ordnungen mit festen Normen und Spielregeln gedeihen kann, dass Freiheit Einsicht in die Notwendigkeit bleibt. Eher trägt sein Denken utopische Züge eines extremen Individualismus, ja Anarchismus, der keine Obrigkeit gelten lässt. Er will Menschen wachrütteln, hält aber nicht viel vom menschlichen Glück. Das Dasein besteht für ihn aus „lauter Leid". Ein ausgeglichenes Leben ist für ihn heute nicht möglich. „Die Welt ist zum Kotzen", erklärt er der Verfasserin, ohne ein Blatt vor den Mund zu nehmen.

Rebell oder Prophet? Drewermann selbst hat uns darauf die Antwort gegeben: Heute müsse die Reformation eine „permanente Revolte" sein, verkündete er unmissverständlich bei den Salzburger Hochschulwochen im Sommer 1992. Er tritt auf als Rebell gegen die Kirche, gegen Macht und Geld, gegen die herkömmlichen Ordnungen und Normen unserer Gesellschaft. Bei diesem Aufruf zur Freiheit von aller äußeren Gewalt beruft er sich auf Jesus, der seine Botschaft im Kampf wider die Mächtigen „agitatorisch und provokatorisch" vorgelebt habe. Hier kommt Drewermanns tiefverwurzelte Abneigung gegen jede Art von patriarchalischer Autorität zum Vorschein, die auf ihn wie ein rotes Tuch zu wirken scheint.

Zum Propheten dagegen fühlt sich der Abtrünnige nicht berufen: „Ich habe von den Propheten eine zu hohe Meinung, um sie mit mir in Verbindung zu bringen", wie er gegenüber der Verfasserin ziemlich kategorisch erklärt. Das will nicht heißen, dass er für viele seiner Anhänger nicht doch etwas Prophetisches verkörpert und ausstrahlt. Der Begriff des Propheten ist inzwischen ohnehin vielschichtig geworden. Neben dem ursprünglichen Propheten, durch den Gott spricht, kennt die Religionssoziologie auch den visionären, der die Menschen zur Einhaltung der göttlichen Gebote und Ordnung aufruft, und den missionarischen Propheten im sozialen und politischen Kampf. Bei Max Weber gibt es ferner noch den Ideologien verkündenden Kathederpropheten jüngerer Zeit. Wie dem auch sei: Vielleicht wohnen in Drewermann Prophet und Rebell dicht beieinander. Nur ist bisher der Aufrührer in ihm, der aufwiegeln und alte Festungen niederreißen will, viel stärker zum Vorschein gekommen als der Seher, der neue Wege in die Zukunft weist.

Der Katalysator

Man wird in der gegenwärtigen Zeit des Umbruchs in Drewermann vor allem einen „Katalysator" im geistig-religiösen Prozess sehen müssen. Wie er selbst schreibt: „Wir stehen offenbar im Moment in einer Krise des religiösen Bewusstseins, aus der sich sicher etwas Neues formieren wird; aber dieses Neue lässt sich nicht programmieren, nicht für die Zukunft aus der Tradition festschreiben."
Ob sich in der Kirche wirklich ein Paradigmenwechsel anbahnt und vollzieht, wie Drewermann damit anzudeuten versucht, bleibt abzuwarten. Der Physiker-Philosoph Carl Friedrich von Weizsäcker meint dazu im Gespräch mit der Verfasserin nüchtern: „Gewöhnlich merkt man solchen Wechsel erst hinterher."[73] Fest steht, dass die traditionellen Volkskirchen Deutschlands heute von einem heftigen Kri-

senfieber geschüttelt werden. Rom hält den Paderborner deshalb immer noch für ein typisch deutsches Phänomen.

Man fragt sich, ob Drewermann bei alledem wirklich noch selbst Regie führt. Oder ist er längst zum Spielball verschiedener Interessengruppen geworden? Wer so im Rampenlicht steht und von Tausenden, die nach Lebensantworten suchen, umjubelt wird, braucht ein gerüttelt Maß an Selbstkritik. Es wäre für ihn verhängnisvoll, wenn er sich mit den historischen Figuren, auf die er sich häufig beruft, identifizieren sollte: die Reformatoren Hus oder Luther, die Denker Galilei und Giordano Bruno oder gar den biblischen Jeremia. Kein Zweifel: Unsere Zeit ist aus den Fugen geraten, und das Drewermann-Phänomen ist ein Symptom dieses Umbruchs. Oft hat es den Anschein, als stecke Dr. Drewermann heute selbst in eine Reifungskrise – auf der Suche nach Maß und Mitte. „Wenn der Weg verloren geht, geht der Sinn verloren", mahnt der chinesische Weise Lao-tse, den Eugen Drewermann so gerne zitiert.

V Erstes Gespräch

Bild und Wahrheit

*Felizitas von Schönborn: Edvard Munch hat sein Empfinden beim
Tod seiner Schwester Sophie, die im Alter von 15 Jahren an Tu-
berkulose starb, in den Bildern „Krankes Kind" und „Tod im Kran-
kenzimmer" verarbeitet. Es ist ihm dadurch gelungen, etwas Gül-
tiges über Tod und Sterben auszusagen. Wenn Sie versuchen, mit
einem dichterischen Blick das Leid der Menschen zu sehen, scheinen
Sie in ähnlicher Weise zu schreiben.*

Eugen Drewermann: Das ist richtig. Ich möchte mit meiner Art zuzuhören und vor allem in meiner Art zu schreiben erreichen, dass den Menschen ihr eigenes Leben begegnet wie ein sich gestaltendes Werk von Dichtung,
Malerei und Poesie. Ich sage mir, die wenigsten werden einen Homer finden, der ihr Leben besingt. Dabei ist dieses
Leben gewiss nicht weniger tapfer als das der Helden von
Troja, die gemeiner und grausamer waren als die Mehrzahl
der Menschen. Hört man den Menschen wirklich zu, so wird
man ebenso viele Kämpfe, Niederlagen, Siege, Verzweif-
lungen, Aufbrüche, verschüttete und wieder gefundene
Hoffnungen entdecken, worüber man nur sprechen kann,
wenn man glaubt, dass in jedem Menschen etwas lebt, was

sich nur einmal sagt und also verdiente, so innig gesagt zu werden wie möglich. Jede echte menschliche Erzählung ist ein Stück existentielle Dichtung, Verdichtung und Gestaltung von Leben.

Könnte man aber nicht auch, von den Bildern Edvard Munchs ausgehend, den Blick auf das Einzelschicksal der Sophie Munch zurückwenden? Es scheint mir manchmal, in Ihrem Werk fehle eine genaue Klärung des Verhältnisses der inneren Psyche des Menschen zu seiner biographischen Existenz.

Ich glaube, es ist ein Missverständnis, wenn man erwartet, die Sprache der äußeren Tatsachen teile etwas über den Menschen mit. Speziell bei Edvard Munchs Auseinandersetzung mit dem Tod seiner Schwester. Dieser Tod ist zwar historisch, aber Munch will vor allem die Wirkung malen, die das Sterben bei ihm selber hinterlassen hat. Man darf nicht nach der Natur malen, meint Munch, man muss das malen, was sie in einem selbst mitteilt und ausdrückt. Ich sage es einmal mit einem Wort von Picasso: „Niemand hat gesagt, die Kunst sei die Wahrheit; die Kunst ist Lüge. Aber sie ist diejenige Form von Lüge, die uns hilft, die Wahrheit zu verstehen. Jedenfalls die einzige Form von Wahrheit, die uns Menschen zugänglich ist." Und Caspar David Friedrich meint dazu, ein Mensch male nicht, was er vor sich sieht, sondern was er in sich sieht. Wenn er aber nichts in sich sieht, dann soll er auch nicht malen, was er vor sich sieht. Das gilt für mich für Kunst, Religion, Therapie und Traum. Es ist ja nicht so, als wenn hinter der Kunst, dem Traum und dem menschlichen Erleben nichts läge. Nur, das worauf es wirklich ankommt, liegt in den Dingen verborgen und ist nicht an der Oberfläche sichtbar. Mit anderen Worten, man kann nicht erwarten, dass der Traum biographische Informationen über äußere, objektive Tatbestände liefert. Aber er liefert die innere Auseinandersetzung mit objektiven Tatbeständen. Diese lassen sich nicht mehr rekonstruieren, aber welche Wirkung sie in einem Menschen zurückgelassen haben, das ist im Traum außerordentlich sichtbar. In unserer Zeit machen wir die objektiven Tatsachen zu Fetischen und erdrücken damit die Psyche der Menschen. Wir kranken an einem falschen Verständnis von Wirklichkeit.

Aber ist nicht die Tatsache, dass wir auf zwei Beinen gehen, ein Bild dafür, dass wir auf beiden Ebenen leben müssen: der äußeren mit ihren Gesetzen und der inneren mit ihren Bedingungen? Mir scheint, dass die dichterische Weise zu sprechen manchmal dazu neigt, die Wirklichkeit zu überhöhen.

Freilich, Leben ist immer Antwort auf Außenwelt. Statt von den zwei Beinen spreche ich lieber von den beiden Gehirnhälften. Ich möchte nicht, dass die linke Gehirnhälfte mit ihren Sprachzentren, ihren Fähigkeiten zu rationalem, begrifflichem Analysieren ausgeschaltet wird. Was ich aber möchte ist, dass ein Denken, das von den Gefühlen abgespalten ist, aufhört, sich zu monopolisieren. Ich halte ein solches Denken für mindestens so gefährlich wie ein bloßes Fühlen ohne Denken. Die größte Gefahr von Grausamkeit in unserer Gegenwart sehe ich darin, dass wir alle möglichen Dinge denken, ohne eine wirkliche, subjektive Gefühlsverbindung zur Welt. Nur darum ist es möglich, dass wir millionenweise Tiere quälen, dass wir die grauenhaftesten Dinge tun, nur weil sie uns vernünftig scheinen. Wir haben den kontrollierenden Bezug der Gedanken zu den Gefühlen, zur rechten Hirnhälfte mit ihren Bildern, mit ihrer Poesie einfach abgekoppelt. Und das darf nicht so bleiben.

Stimmt es, dass Sie sehr stark an Ihre rechte Gehirnhälfte angekoppelt sind?

Ich möchte aber auch argumentativ zeigen, warum die Bilder, die Träume, unsere stärkeren Empfindungen, die Strukturen unseres Unbewussten, ihre Herkunft, ihre Auswirkungen wahrgenommen werden müssen. Ich möchte nicht die bloße Gefühlsseligkeit; die halte ich für eine Gefahr, die bis zum Psychotischen reichen kann. Nur, unsere Intellektualität, unser Formalismus ist mindestens genauso wahnsinnig und, da er uns fast selbstverständlich scheint, objektiv viel schädlicher.

Sie haben einmal gesagt, Sie greifen ein Thema, das Sie interessiert, auf und bearbeiten es, bis Sie merken, dass Sie sich wiederholen. Dann sei es Zeit, sich einem anderen Thema zuzuwenden. Stimmt das heute auch noch?

Freilich. Ich lese Bücher, die ich einmal geschrieben habe, allenfalls noch, um darauf hinzuweisen. Eigentlich lasse ich mir die Themen und deren wichtigste Konflikte durch andere Menschen an mich herantragen, oder sie entstehen in mir selber. Was ich wohl vermisse, ist die Fähigkeit, viele Vorgänge in der Naturwissenschaft zu verstehen. Das bedaure ich sehr, denn ich bin sicher, dass die zentralen Fragestellungen sehr bald schon von dorther kommen. Ich verstehe von Mathematik und Physik zu wenig, um das wirklich mitzuverfolgen. Ich bin erst 50, aber ich sage mir, ich verliere im Moment endgültig den Anschluss an unser neues Jahrtausend. Gleichzeitig sage ich mir aber auch: Vielleicht ist es gar nicht meine Aufgabe, Dinge zu verstehen. Unter Umständen ist es viel besser, so zu leben, dass es die Menschen, mit denen man lebt, erreicht und ihnen hilft. Und das bringt eine ständige Bewegung; ich glaube nicht, dass ich

90

dabei selbstsicher, faul und träge werde. Jedes Gespräch provoziert, indem Menschen sich selbst Lösungswege vorschlagen, an die man nie gedacht hat. Und schon um sie zu rechtfertigen, entsteht irgendwann das nächste Buch.

Herr Drewermann, haben Sie eigentlich auch eine Umgangssprache? Besonders in Ihren Vorträgen sprechen Sie immer wie ein Dichter. Vielleicht liegt das auch an Ihrer häufigen Verwendung des Genitivs.

Ich rede im Deutschen bestimmt sechs verschiedene Sprachen. Ich bin groß geworden im Bergarbeiterdorf Bergkamen und habe die Sprache von Bergarbeitern gelernt. Die ist in gewissem Sinne dichterisch, ja. Tucholsky hat das Reden im Genitiv ironisiert, indem er seine Geliebte ständig im Bildungsgenetiv reden lässt. „Du bedarfst jetzt wohl dessen", so spricht sie. Bei Martin Luther gibt es eine schöne Stelle: „…hättest Du aber der Liebe nicht". Im Deutschen sind wir das kaum noch gewohnt, und ich bedaure in der Tat den Ausfall der Deklination. Wir fangen bald an, englisch zu reden, indem wir den Genitiv durch „von" ersetzen.

Tiefenpsychologie und Religion

Bei der Lektüre Ihrer Werke habe ich den Eindruck gewonnen, als setzten Sie sich mit der christlichen Botschaft in einer ganz neuen und eigenständigen Weise auseinander. Als knüpften Sie, unter Zuhilfenahme der Tiefenpsychologie, einen Faden zwischen der christlichen Botschaft und den inneren Bildern des Menschen, der bis in das kollektive Unbewusste hinunter reicht. Als weiteten Sie die Entstehungsgeschichte dieser Botschaft über das biblisch-jüdische Denken bis in den ägyptischen Geistesbereich hinaus. Auch stellten Sie das Verständnis vom Menschen als dem Höhepunkt der Evolution in Frage, indem Sie für eine Geschwisterlichkeit im Umgang mit der Natur, mit den Tieren plädieren.

Ich glaube, dass der Weg der biblischen Offenbarungsreligion durch den Kampf und die Auseinandersetzung mit der vorgefundenen Religionsform der Mythen möglich wurde. Mir scheint etwas unverzichtbar Wahres in der biblischen Religion enthalten zu sein, das darin liegt, den Menschen zunächst einmal als ein eigenständiges Wesen mit seiner Geschichte aus der Natur herauszulösen und parallel dazu Gott. Zwischen dem israelitischen Monotheismus und der Personalisierung der menschlichen Geschichte besteht offensichtlich eine Korrespondenz. Beide Schritte enthalten die Überwindung einer absoluten Kulturschwelle, hinter die wir nicht mehr zurück können. Anderseits scheint mir genauso klar, dass in der Bewegung, die durch die Bibel eingeleitet wurde, eine extreme Einseitigkeit Platz gegriffen hat.

Der Kampf gegen den Mythos bedeutet auch den Kampf gegen die mythenbildenden Kräfte in der menschlichen Psyche. Er zerstört die Organe, die in uns selber liegen, die uns sehr tief mit der Natur ringsum und auch mit Gott, der die Natur gemacht hat, verbinden könnten. Insofern wünschte ich mir eine integralere Form von Religiösität, in der Bewusstsein und Unbewusstes, Person und Natur, Individuum und Gesellschaft nicht in dieser krassen Form auseinandergerissen würden. Das Programm, wonach Gefühl und Denken übereinstimmen müssen, ist nur eine Facette des Auftrags, der darin bestehen sollte, von Gott nie mehr anders als so zu reden, dass wir selber uns darunter finden und dass Menschen aller Zeiten und Zonen ohne Verlust ihrer eigenen Kultur und Identität verstehen können, was gemeint ist. Davon sind gerade wir noch weit entfernt. Wir reden ständig eine Sprache, die wir schon in unserem Kulturraum kaum noch verstehen und die außerhalb davon bis heute – reichlich 1200 Jahre nach dem Beginn des Islam – immer noch absolut unverständlich ist. Das bedeutet für mich, dass wir eine falsche Sprache reden. Denn wir werden den Aufgaben heute erkennbar nicht bloß nicht gerecht, vielmehr reden wir eine Sprache der Gewalt, nach innen und nach außen.

Ihr Vorschlag ist es nun, die Bibel auch anhand der Bilderwelt zu deuten, wie sie die Tiefenpsychologie anhand der Träume vermittelt.

Das hat zwei Seiten: Die eine ist der offensichtliche Engpass, um nicht zu sagen, die völlige Ratlosigkeit der historisch-kritischen Bibellektüre. Ich glaube, dass sie, von der Renaissance bis heute, einen wichtigen Erkenntnisfortschritt gegenüber den bis dahin üblichen Auslegungsverfahren darstellt. Dank ihr ist unverzichtbar Richtiges erkannt worden. Aber die historische Kritik an der Bibel musste Punkt für Punkt zu der Einsicht führen, dass gerade die religiös relevanten Stellen keine historischen Informationen über eine Wirklichkeit hinter den Texten liefern. Und das führt in unserer Kultur zwangsläufig dazu, die christliche Botschaft als unbegründet oder rein phantastisch abzutun. Wer sagt, dass – zum Beispiel – die Weihnachtsgeschichte als Legende oder die Ostergeschichte als Apologie zu verstehen sei, der wird damit augenblicklich assoziieren, dass es sich dabei um reine Wunschphantasien oder aber um bloße Geschichtsklitterung handle. Mir scheint, dass man die Eigenart der biblischen Erzählweisen nur verstehen kann, wenn man begreift, dass es Wahrheiten im Menschen gibt, die man nur ausdrücken kann, indem man Märchen, Mythen, Legenden, Wunder erzählt. Daran aber hat das Christentum bis heute keinen wirklichen Geschmack gefunden. Es wird ständig so getan, als sei das, was wir selber in der Bibel lesen, wahr, weil es historisch wirklich wäre – im Unterschied zu den Erzählungen aller mythischen Religionen. Genau das ist nicht der Fall. Und darum möchte ich mit Hilfe der Tiefenpsychologie die Erzählformen, die traumnah, archetypisch verwurzelt, in der menschlichen Psyche ihren Ursprung haben, in ihrer Wahrheitsbedeutung und menschlichen Geltung rechtfertigen.

Aber stoßen Sie da nicht auch bei den einzelnen Gläubigen – wegen eines durch die Naturwissenschaften geprägten Verständnisses von Wahrheit und Widerspruch – auf Ablehnung? Denn aus dieser Sicht fragt man doch so: Ist etwas wahr oder ein Märchen – also nicht wahr?

Eben, und weil man so fragt, kommt man mit der heutigen Religion gar nicht mehr zurecht. Wenn Märchen, einfach weil sie Märchen sind, unwahr sein sollen, ist die ganze Religion die Unwahrheit. Religiöse Aussagen können nur wahr sein, wenn man anerkennt, dass es Wirklichkeiten gibt, die man nur symbolisch mitteilen kann. Wenn man diese Ebene von Bild und Symbol immer wieder vernachlässigt, wird man sehr bald feststellen, dass man alle möglichen psychosomatischen, psychoneurotischen Krankheiten bekommen kann. Im übrigen wissen die heutigen Naturwissenschaften inzwischen paradoxerweise weit mehr und besser als die Theologen, dass es die Aufspaltung zwischen Subjekt und Objekt im Erkenntnisvorgang nicht gibt. Die Religion besteht mit ihrer symbolischen Redeweise in der Subjekt-Objektverschmelzung. Und daher brauchen wir Auslegungsformen, die gerade das nicht tun, was wir in der Theologie, gewissermaßen in Nachahmung des Newtonschen Weltbildes, als Wissenschaftstheorie ausgebildet haben. Es gibt kein Reden über Gott, das dem Subjekt im Grunde belanglos gegenübersteht. Es ist nur möglich, von

Gott so zu sprechen, dass sich im Menschen darunter etwas ändert, wie es Bonhoeffer einmal gesagt hat. Und also muss man erst einmal sehen, was da für Menschen worüber wirklich reden. Für mich ist das identisch damit, zu sehen, was sich in Menschen ereignet, wenn sie nach Gott fragen, und was in Menschen passiert, wenn sie von Gott hören.

Beten – aber wie?

Wir haben jetzt über das Verkünden Gottes und das Reden über Gott gesprochen. Aber noch wichtiger scheint es mir, das Christentum zu leben. In der Weise, wie zum Beispiel Frère Roger die christliche Botschaft in Taizè verwirklicht. Leben aus dem Gebet, Leben als Gebet.

Wenn wir vom Beten sprechen, dann verstehen die meisten darunter, Gott bestimmte Vorschläge nahezubringen: was er tun sollte, damit wir besser leben können. Diese Art von Gebet ist im Christentum sehr lebendig – bei den Leuten, die noch in die Kirche gehen, die absolut überwiegende. Man bestürmt den Himmel mit persönlichen Nöten, Fragen und Klagen. Und wird entweder relativ zufrieden und dankbar sein, wenn das Leben ungefähr so kommt, wie man es sich erwünscht hat, oder entsprechend verzweifelt und enttäuscht, wenn es durchaus nicht so kommt. Ich glaube, Beten sollte eine Form des Einverständnisses mit Gott sein. Und es ist sehr schwer, dahin zu gelangen. Es gibt sicher viele Zugangsarten. Die buddhistische Meditation halte ich in diesem Sinne oft für wirksamer als das Bittgebet, die Sturmandachten oder die Opfergottesdienste, die wir vor allem im Katholizismus noch bis in die Gegenwart hinein gewohnt sind. Es existiert auch immer noch ein Weltbild, das so tut, als würde Gott wunschgemäß – wenn man nur aufrichtig und fleißig genug bittet – zugunsten eines einzelnen Menschen in die Natur eingreifen. Ich bin mir sicher: Das wird er niemals tun. Die Natur ist wunderbar, aber sie berechnet ihren Ablauf ganz sicher nicht nach dem Wohlergehen einzelner. Ich glaube, dass wir, gerade was das Gebet angeht, den Menschen keinen überweisen Standpunkt anbieten müssen. Wir haben eine Fülle von Aberglauben durchzuarbeiten. Und es ist wahr, dass wir vielleicht am konkretesten oft dann beten, wenn wir es gar nicht wissen. Jemand ist glücklich, wenn er an einem Fluss entlanggeht oder wenn er abends auf einer Bank sitzt und in die Sonne schaut oder wenn er zärtlich ist zu einem Menschen an seiner Seite oder wenn er sieht, wie seine Katze im Sand spielt, oder wenn er sieht, wie seine Kinder aus der Schule kommen. Es gibt tausend Wege, mit einem Geheimnis zu reden, das wir nicht sehen. Die Kultur des Betens müsste im Christentum erst einmal aufgebaut werden. Jetzt ist sie ganz eng gebunden an Worte, die wir sagen, an Wünsche, die wir haben, an Vorstellungen von Gott, die wir zu haben haben. Und all das führt eher zu einer Außenlenkung als zur Wahrheit.

Das Ärgernis der Kirche

Diese Form des Betens findet man besonders in der katholischen Kirche vor. Wenn man Ihren „Klerikerstreit" etwas verfolgt, hat es den Anschein, als sei die katholische Kirche für Sie ein Ort des reinen Ärgernisses, das Inbild einer bösen Institution. In einem Vortrag über Ihr Aufsehen erregendes Buch „Kleriker" zitierten Sie eine Stelle aus den „Geschichten aus dem Wienerwald" von Ödön von Horvath, mit der Sie die Unmenschlichkeit eben dieser Institution sichtbar machen wollten. Aber im Stück „Glaube, Liebe und Hoffnung" von Horvath sieht man, dass die tragische Gestalt der Elisabeth an

der Grausamkeit und der Interesselosigkeit der Gesellschaft im allge-
meinen scheitert.

Einmal gibt es, Gott sei Dank, nicht nur die katholische Kirche – welche man weder im Positiven noch im Negativen
überbewerten sollte; da haben Sie völlig recht. Auf der anderen Seite glaube ich in der Tat, dass die katholische Kirche eine wunderbare Einrichtung sein könnte, wenn sie nur
lutherisch wäre. Sie verleugnet seit dem Konzil von Trient
Wahrheiten, die seit dem Anfang der Neuzeit absolut notwendig sind, um als denkender und fühlender Mensch zu
leben. Dieses Auseinanderreißen der beiden Konfessionen
darf in keiner Weise so bestehen bleiben.

Das ist nicht etwa eine Frage der Kirchenordnungen; das ist
eine Frage der Zerrissenheit des abendländischen Menschen
auf dem Weg zu Gott. Es ist ein bleibender Skandal. Es macht
wenig Sinn, die Vergangenheit heute durch den Austausch
von freundlichen Erklärungen nachzubessern; worum es
wirklich geht, das ist eine integrale Form von Glauben. Und
das setzt eine Veränderung sowohl in der katholischen als
auch in der protestantischen Kirche voraus. Die katholische
Kirche liebe ich, sonst wäre ich nicht ihr Priester.

Könnte man Ihr Verhältnis zu ihr als Hassliebe bezeichnen?

Nein, das kann man nicht sagen. Ich glaube aber, wir leben
in gewissem Sinne in den Tagen des Propheten Jeremia. Wie
er für den Untergang Jerusalems gebetet hat, so müssen wir
für den Untergang der Institution Kirche beten, damit Gott
möglichst bald anfangen kann, das was er wirklich sagen
möchte, in die Herzen der Menschen zu schreiben. Die Institution behindert inzwischen das, was sie wirklich möchte. Sie basiert auf der Angst vor den eigenen Gläubigen. Sie
macht sich mit den Abwehrformen Machtveräußerlichung,

Autorität, patriarchale Hierarchie, Gewinn von Geld und Einfluss auf die Öffentlichkeit überwertig. Was sie nicht mehr im Sinn hat, ist der konkrete Anknüpfungspunkt an die wirklichen Fragen der Menschen. Man spricht davon, dass bis zu 70 Prozent der Bewohner unserer Großstädte seelisch krank sind. Worum also müsste sich die Seelsorge der Kirche kümmern? Vergleicht man das mit dem, was sie wirklich tut, so erschrickt man.

Herr Drewermann, Sie schreiben einmal, wie Sie durch eine Erzählung Kierkegaards erschüttert wurden, worin er den Leidensweg eines Ludwig Fromm schildert. Dieser will, weil er nach dem Reich Gottes sucht, Pfarrer werden und endet nach einem langen, komplizierten Studium als Beamter einer Institution. Warum sind Sie dann überhaupt Priester geworden, wenn Sie schon als junger Mensch über eine solche Klarsicht verfügten und Widerspruch in dieser Weise empfinden konnten?

Da haben Sie völlig recht. Ich wollte mit 18 Jahren infolge der Lektüre von Sören Kierkegaard, der mir bis heute über die Maßen viel bedeutet, Protestant werden. Da sagte mir damals mein evangelischer Lateinlehrer, der auch protestantischen Religionsunterricht erteilte: „Es gibt sehr gute Protestanten auch unter den Katholiken. Sie sollten katholisch bleiben."
Er gab mir Reinhold Schneider zum Lesen, schenkte mir zum Abitur Friedrich Heers *Die dritte Kraft*. Auch Heinrich Böll las ich sehr gern. Es war für mich dann sehr schlimm, 1963 von allen Kanzeln zu hören, das Friedrich Heer, Heinrich Böll, Karl Amery als Feinde der katholischen Moral betrachtet werden müssten, bloß weil sie Pazifisten waren. Diese Spannung hat nicht aufgehört, aber ich möchte sie durchstehen. Die katholische Kirche bedeutet mir wirklich sehr viel. Nicht nur aus historischen Gründen, denn sie ist eine

ausgesprochen wichtige Institution der abendländischen Kultur.

Ich fühle mich auch mit sehr vielen Gläubigen verbunden, die den gleichen Weg gehen, dieselben Zweifel, dieselben Schwierigkeiten, Enttäuschungen und Hoffnungen haben wie ich selbst. Die darf ich, glaube ich, als Priester nicht im Stich lassen. Und ich habe, bis zum Erweis des Gegenteils, die fast borniere Hoffnung noch nicht aufgegeben, es sei in der Kirche doch noch etwas zu ändern. Man darf auch nicht vergessen, dass die katholische Kirche zwar ihrer Verfassung nach eine absolutistische Monarchie aus dem 16. Jahrhundert ist, dass aber solche Monarchien auch ihre Irrationalismen haben. Es kann sich, wie das Beispiel von Johannes XXIII. zeigte, auch über Nacht etwas ändern. Bis zu diesem Papst waren alle protestantischen Theologen einhellig der Meinung: Nach dem Vatikanum I, dem Ersten Vatikanischen Konzil von 1869/70, kann es nie mehr ein Konzil geben; der Papst ist unfehlbar geworden und er kann machen, was er will. Ich fürchte, im Moment wird in Rom fleißig daran gearbeitet, dass die Kirche von morgen wieder die Kirche von gestern sei. Aber ich erwarte nicht, dass sich das auf ewig halten lässt.

Man könnte Ihnen vorwerfen – wie man es gegenüber Kierkegaard getan hat –, Sie zerstörten durch Ihre starke Kritik an der Veräußerlichung der Kirche die Kirche selbst. Wenn die Kirche auf diese Weise wirklich zerstört würde, welche Institution, glauben Sie, könnte dann das ebenfalls ganz wichtige überlieferte Glaubensgut weitergeben, in einer Zeit wie der unseren, die in voller Auflösung begriffen ist?

Das Paradoxe ist, dass man das nicht sagen kann. Und dass es auch nicht wichtig ist, ob man das sagen kann. Ich meine den Vergleich mit Jeremia wirklich ernst. Es ist unter Umständen nötig, jahrzehntelang mit der Vision zu leben, dass alles, was so sicher scheint, zerstört werden wird. Und zwar von den Kräften, die nichts anderes wollen als die Zerstörung, gewiss nicht den Aufbau. Nebukadnezar wollte ganz sicher nicht die Wiederherstellung der jüdischen Religion. Er wollte ihr Ende. Aber Jeremia betete darum, dass genau dies passiere. Er setzte die Hoffnung auf Gott, dass es danach weitergehen werde, irgendwie weiter. Das Problem ist, dass alle Leute, die hören, dass die Macht der katholischen Kirche zersprengt werden solle – ihre Ämterhierarchie, ihre garantierten Wahrheiten, die Schikanen mit einem Lehramt, das sich nie vertan habe, selbst, wenn es Menschen verbrannt, gefoltert, zerstört hat, psychisch, physisch bis heute –, dann gleich denken, es bleibe ja nichts übrig. Was in jedem Falle bleiben wird, ist eine Fülle menschlicher Wahrheiten, die endlich anfangen zu leben. Und die werden sich auch neu organisieren, sie werden sich wieder gestalten. Und man kann auf der verbrannten Erde von Jerusalem einen Acker in Anathoth kaufen, davon bin ich überzeugt. Aber ich weiß nicht, wo er liegt, und ich brauche es auch nicht zu wissen. Man muss geradestehen für das bisschen Wahrheit, das es heute gibt.

Und dann ist freilich die Frage, mindestens im Erbe der biblischen Religiosität: Wie weit vertragen Institutionen, Kirchen, Organisationsformen das Prophetische? Den Propheten Amos, Hosea, Jesaia, Jeremia, wenn Sie wollen, war es vollkommen gleichgültig, ob die Institution dabei den Bach hinunter geht oder nicht. Aber – dies meint auch Kierkegaard – mit Menschen darf man nicht so verfahren. Kierkegaard hat die Leute aufgefordert, statt sich sonntags das Gequassel von den Kanzeln anzuhören, lieber ins Wirtshaus zu gehen. Dies heiße, Gott weniger zu verspotten, und sei wenigstens ein bisschen ehrlich.

Prophetisches Reden

Sind Sie ein Prophet, Herr Drewermann?

Ich habe von den Propheten eine zu hohe Meinung, um sie mit mir in Verbindung zu bringen.

Reden Sie prophetisch?

Wie es wirkt, das müssen die Hörer wissen. Ich versuche zu sagen, was ich sehe.

Sie weisen ja auch darauf hin, dass Jesus kein Rabbi, sondern ein Prophet war.

Unbedingt. Das haben sogar seine Feinde gesagt. Sie haben ihn einen Lügenpropheten genannt. Aber jedenfalls stimmte die Kategorie. Sie haben in dem Sinne nicht gesagt, er sei ein Irrlehrer.

Wie aber unterscheidet man die falschen von den richtigen Propheten?

Ganz wahr. Ich denke, es gibt nur ein einziges sicheres Kriterium: das liegt in der Menschlichkeit der Wirkung. „An ihren Früchten sollt ihr sie erkennen." Wenn es aber kein Argument sein darf, dass etwas den Menschen ersichtlich hilft, sie aufrichtet, sie befreit, ihnen die Kraft gibt, selber zu sehen, zu hören, zu fühlen und sich frei zu bewegen – wenn ganz im Gegenteil dies als Provokation der wahren Frömmigkeit gilt, dann demaskiert sich ein bestimmter Typ institutionalisierter Kirche und Hierarchie. Dann braucht man im Neuen Testament nur nachzulesen, wie sich Jesus dagegen zur Wehr setzt – vom 3. Kapitel des Markusevangeliums an –, dass die Wunder seiner Menschlichkeit umfunktioniert werden zu Offenbarungen der Macht des Satans. Das heißt, Gott auf den Kopf stellen. Das verleugnet den Geist, meint Jesus.

Wenn ich Sie lese, habe ich manchmal das Bild des Kleinen Prinzen vor Augen, den Sie ja auch interpretiert haben. Sie sagen, dass der Kleine Prinz von dieser Erde wieder weggeht, weil er sich nicht mit der Erwachsenenwelt einlassen will. Er scheint da verschiedene institutionelle Denkweisen vorzufinden, die unsere Lebenswirklichkeit verbeamten und verbanalisieren. Leiden Sie an dieser „Verentmenschlichung"?

Ja, das ist ganz ohne Zweifel so. Auf der anderen Seite möchte ich nicht nur ein Kleiner Prinz sein – mir käme das wie ein Luxus vor. Und ich bemängele bei Saint-Exupèry auch ein Stück weit, dass am Ende der Kleine Prinz zurück zu den Sternen geht und der Flieger sich wieder in seine Maschine setzt und sich entfernt. Es gibt ja in der wunderbaren Märchenerzählung Saint-Exupèrys kein wirkliches Gespräch zwischen dem Kind, das erlösen könnte, und den Erwachsenen. Von jeder Stelle auf dem einsamen Planeten monologisierender Erwachsener geht der Kleine Prinz einfach weg, von Verachtung erfüllt. Und das darf nicht so sein. Ich möchte, dass die Erwachsenen merken, wieviel an ungelebter Kindheit in ihnen liegt. Und wie wenig groß sie sein müssten, wenn sie nur ein bisschen gütiger mit sich selber und den Menschen an ihrer Seite umgingen. Ich möchte, dass beides zusammenkommt: Denken und Gefühl, Erwachsensein und Kindsein. Wahr ist, nur die Kindlichen werden verstehen, was Jesus wollte. Und das bedeutet, man muss in vielem nochmals von vorn anfangen.

Schöpfergott und Vatergott

Dann möchte ich Sie jetzt in fast kindlicher Weise fragen: Wie brin-
gen wir es zusammen – das Gottesbild, wie es Jesus entwirft vom lie-
benden Gott, der wohl weiß, was wir zum Leben brauchen, so sehr,
dass wir uns nicht um den nächsten Tag zu sorgen brauchen – und
das Bild von der teilnahmslosen Natur, die mit Milliarden von Jah-
ren rechnet, die Feuer speit und Sintflutwasser spuckt, aber nicht hin-
schaut auf die Belange eines kleinen Menschleins? Wessen Auftrag
hat Jesus Christus erfüllt, von dem wir bekennen, er sei hinunterge-
stiegen in das Reich des Todes und am dritten Tage auferstanden von
den Toten, er sitze zur Rechten Gottes, des allmächtigen Vaters?

Ich glaube, Jesus ist nicht nach seinem Tode „hinabgestie-
gen in die Hölle", sondern es war sein ganzes Leben, das zu
tun. In seinen Augen gab es ringsum nichts als arme Teufel,
und jedem versuchte er nahe zu sein. So wie er es sah, wollte „sein Vater" das; aber was er „Gott" nannte, war die Verdichtung aller Regungen von Mitleid, Verstehen und Willen
zum Leben. Sie haben ganz recht: Dieser „Gott" ist sicher
ein ganz anderer als der „Schöpfer der Welt"; denn in der
Ordnung der Welt sind Gefühle dieser Art nichts weiter als
ein Instrument zur Erhaltung einer Art höherer Säugetiere
im Kampf ums Überleben. All diese Gefühle und Glau-
bensinhalte taugen wohl, um unser Handeln zu motivieren
und im Umgang miteinander die schlimmsten Fehler zu ver-
meiden, aber sie bieten keine Kategorien zur Erklärung der
Welt. Insofern sind wir selber gewiss die Eltern unserer Got-
tesbilder; aber diese Bilder sind wie die Fenster einer Ka-
thedrale: Man sieht nichts weiter in ihnen als das täuschen-
de Gefüge bunter Gläser, und doch ist, was diese Bilder
sichtbar macht, jenes weiße Licht, das sie durchflutet. Dieses Licht selbst sehen wir nicht, und deshalb nennen wir alles mögliche „Gott", was in den Bildern sichtbar wird. Aber

in Wahrheit ist „Gott" wohl die Energie, die uns durchströmt, wenn wir nach ihm suchen.

Angst und Freiheit

Eines der wichtigsten Themen Ihres Werkes scheint mir der Begriff der Angst. Für ein besseres Verständnis, was Angst wirklich ist, berufen Sie sich auf die Psychoanalyse und die Tierpsychologie.

Der Begriff der Angst ist bei mir wirklich vielschichtig; er stellt eine Art Fahrstuhl-Logik dar. Ich glaube, die Angst verbindet alle Stockwerke der menschlichen Existenz. Das beginnt ganz unten in der Tierpsychologie. Es lässt sich zeigen, dass es nicht beliebig viele Ängste gibt, sondern dass wir im Zwischenhirn auf etwa fünf verschiedene Angstsituationen programmiert sind und auf diese spezifisch, ähnlich wie die Säugetiere, reagieren. Da ist beispielsweise das Ausgeliefertsein gegenüber einem Beutegreifer: das kann aus lauter Angst bis zum Vagus-Herztod führen – ein Gnadenweg der Natur, zu sterben noch ehe sich die Pranken des Löwen in die Antilope schlagen. So können wir Menschen in den Depressionen empfinden, wenn unser Bewusstsein Ausweglosigkeit signalisiert.

Im Krieg sah ich während eines schweren Bombenangriffes, dass eine Frau anfing, im Bunkerstollen zu schlafen. Und die Leute, die sehr nervös und ärgerlich waren, fingen zu lachen an. Heute weiß ich, dass diese Frau sich mehr ängstigte als all die anderen; sie schlief nicht selig, sie war dem Tod so nah, ihr ganzes Bewusstsein war wie gelähmt.

Andere Ängste sind daran gebunden, dass die Normen einer Gruppe objektiv übertreten werden: Eine Möwe verklebt sich die Federn in einer Öllache; sie kann subjektiv nichts dafür, sie wird aber von den Möwen ihres Verbandes ausgestoßen bis hin zur Todesgrenze. Da liegen Formen der Reaktionsbereitschaft in uns Menschen, die in all den Fällen, wo gegen die Normen des Zusammenlebens verstoßen wird, gewissermaßen moralanalog, Ausstoß und Verurteilung darstellen. Das Problem ist dann, dass wir Menschen auf dem Weg der Bewusstwerdung begreifen müssen, dass es Gefahren in dieser Welt gibt, denen wir endgültig nie entlaufen können: Irgendwann werden wir sterben müssen, wir können so schnell fliehen, wie wir wollen; irgendwann werden wir Schuld auf uns laden, wenn wir uns auch noch so viel Mühe geben. Und mit diesen verunendlichten Ängsten zu existieren, ist die eigentliche Aufgabe des Menschen. Eine Mischung aus Existenzphilosophie und Verhaltensforschung, aus Bewusstsein und Es.

Dann kommen zusätzlich im Rahmen der Psychoanalyse die Ängste hinzu, die uns gemacht wurden von Menschen an unserer Seite, die auf ihrem Wege gezeigt haben, wann Tod droht, wann Strafe. Wenn ein Kind erlebt, dass seine Mutter sich zurückzieht, die Liebe verweigert, es von sich wegstößt, dann lernt ein Kind, bestimmte Verhaltensweisen seiner Mutter so in sich aufzunehmen, dass es schon bestimmte Wunschregungen in sich als Gefahrensignale verkoppelt.

Und diese drei Schichten: die Ängste, die objektiv in der Außenwelt liegen und die von anderen Menschen mit der Interpretation der Außenwelt vermittelt werden, die Angstprogramme, die aus dem Erbe der Evolution in uns liegen, plus die Angst, die aus dem Bewusstsein kommt – diese drei mischen sich und bilden die Fahrstuhllogik aller drei Ebenen: von Es, Ich und Über-Ich.

Jetzt stellt sich natürlich die Frage nach der Sünde. Wo liegt da noch

Es ist wunderbar, dass Sie danach fragen, weil viele theologische Kollegen es nach wie vor nicht begreifen wollen. Sie erklären, nach Laune sozusagen, wer sage, die Menschen sündigten aus Angst, der leugne die Freiheit des Menschen. Umgekehrt müssen diese Theologen sich natürlich daran erinnern lassen, dass der, der sagt, Menschen sündigten aus Freiheit, die gesamte Erbsündenlehre und Erlösungsbedürftigkeit des Menschen leugnet. Das Problem des Paulus, des Augustinus, Martin Luthers, Pascals wird auf diese Weise nicht verstanden. Was ich zeigen möchte, ist gerade der mittlere Weg – sozusagen zwischen dem ethischen Standpunkt des Pelagianismus (Pelagius wandte sich Ende des 4. Jahrhunderts gegen die Gnadenlehre des Augustinus, die ihm die sittliche Verantwortung zu bedrohen schien, er behauptete die wesentliche Unverdorbenheit der menschlichen Natur) und der reinen Sündenlehre bis hin zur vollkommenen Versklavung des Willens (es stimmt historisch so nicht, aber ich setze einmal dafür den Calvinismus, die Prädestinationslehre). Ich möchte gerade zeigen, dass die Menschen aus Angst sündigen müssen, aber dass der größte Teil ihrer Angst aus dem Bewusstsein stammt und also aus ihrer Freiheit. Das Problem lässt sich nur lösen, indem man die Angst überwindet aus dem Glauben heraus – durch den Schritt zu einem Vertrauen, das am Ende die Angst als überflüssig erscheinen lässt. Aber innerhalb der Angst müssen die Menschen offenbar alles tun, was sie tun. Sie führen Kriege, sie horten Nahrungsmittel, sie bringen sich wechselseitig um, sie leben nicht richtig, sie lügen – kurz, sie tun all die Dinge, die sie eigentlich nicht wollen.
Und es scheint ihnen absolut notwendig, vernünftig und richtig. Erst wenn der Alptraum vorbei ist, wenn der Knabe im Moor rückwärts schaut, sieht er, was für Gespenstern

er gerade entlaufen ist. Aber es ist der Standpunkt des Glaubens zu merken, dass das, was für uns ganz normal wäre, wirklich Sünde ist.

Heißt das, wir müssen in unsere Angst hinuntersteigen und uns in diesem Hinabsteigen vertrauensvoll zu Gott hinwenden?

Richtig. Sören Kierkegaard hat einmal gesagt: Du stehst auf dem Turm und schaust hinab, es packt dich der Schwindel und du stürzest ab. Und all das ist notwendig. Wie aber, wenn du gar nicht nach unten geschaut hättest?

Würde das für Christen bedeuten, die existentielle Bedingung der Angst wirklich anzunehmen und die Erlösung in der Person Jesus Christus zu suchen?

Ja, ich glaube, man braucht, um von Angst befreit zu werden, unbedingt ein menschliches Gegenüber. Und ein Vertrauen, das in den Kessel der Angst so etwas wie Beruhigung bringt. Die Szene vom Seewandel des Petrus!

Die Angst und das Böse

Glauben Sie, wenn es gelänge, den Menschen die Angst zu nehmen, verschwände damit auch das Böse aus dem Menschen?

Ja, ich glaube, dass die Menschen nicht von Haus aus böse sind. Ich glaube, dass sie durch Angst die Steuerungsmechanismen, die Reaktionsweisen, die in den Tieren liegen, maßlos übertreiben und dass dadurch alles verzerrt wird. Wut kann in Angst und Hilflosigkeit Formen erreichen, die am Ende gar nicht mehr lebbar oder sagbar sind. Liebe kann aus Angst und Hilflosigkeit bis zu Hass geraten. Reaktionen, die an sich der Wahrheitsfindung dienen könnten, werden im Feld von Angst und Bedrohtheit bis zur bornierten Selbstvergewisserung gesteigert. Die Angst verzerrt alles. Und umgekehrt, wenn Menschen sich innerlich angenommen, beruhigt, berechtigt fühlen, dann werden viele Dinge überflüssig, die bis dahin viel Kraft gebraucht haben. Es ist, wie wenn Sie ein Foto machen wollen mit einer Kamera, die immer wieder erschüttert wird und wackelt. Das Bild kann nur richtig aufgenommen werden, wenn sich die Kamera auf dem Stativ beruhigt. Die Welt ringsum ist vertrauenswürdig und in Ordnung. Nur wir müssen sie richtig zu sehen lernen.

Es gibt in der Psychoanalyse Stimmen, so Arno Gruen, die meinen, wenn man das Böse wegerkläre, reduziere man die Wirklichkeit.

Es scheint mir, dass im Menschen vieles liegt, was mit keiner Kultur, die wir bisher kennengelernt haben, wirklich verträglich ist. Es besteht offensichtlich ein Gegensatz zwischen den breiten Möglichkeiten der menschlichen Psyche, die danach drängen, sich auch zu entfalten, und der relativen Auswahl davon, die in einer menschlichen Kultur historischer Prägung bis heute als lebbar erscheinen darf. Ich denke daran, dass wir, zum Beispiel, im Abendland die Einehe wie selbstverständlich zum Maßstab gemacht haben und dass viele Menschen zu allen Zeiten damit ersichtlich nicht zurecht gekommen sind. Dass wir Homosexualität als inakzeptabel betrachten und dass auch damit viele Menschen nicht zurecht kommen. Wir sehen, dass die Verlagerung des Gewaltmonopols an den Staat immer wieder Engpässe schaffen kann, die einzelne hilflos machen und mitunter dann Ehetragödien heraufbeschwören, die unter das polizeiliche Strafrecht fallen. Andeuten will ich, dass es keine menschliche Gesellschaft gibt, die ideal genug wäre, den Menschen in vollem Maße leben zu lassen. Und dann fallen an den Rändern oder in den Unterdrückungszonen Turbulenzen und Gegenreaktionen an, die als böse erscheinen können. Das bedeutet aber nicht, dass der Mensch an sich böse ist; es zeigt lediglich, dass die menschliche Geschichte gerade erst dabei ist zu erahnen, was wir Menschen sein könnten. Konrad Lorenz hat einmal in einer seiner Wiener Vorlesungen gesagt, das fehlende Glied zwischen Affe und Mensch sind wir. Er wollte damit ausdrücken, dass das, was wir menschliche Kultur nennen, noch viel lernen muss, um sich selber zu entsprechen. Wir müssen einmal daran erinnern, dass seit 35.000 Jahren, seit dem Cro-Magnon-Menschen, wir in unseren Köpfen diese wunderbare Neuronen-Maschine des Gehirns tragen, von der wir vielleicht gerade die Hälfte nutzen. Ich will sagen, wir haben viel Grund zu Optimismus und Hoffnung. Und mir ist nicht der Geschmack danach, den Menschen böse oder schlecht zu finden. Aber die Bedingungen, die wir selber als Menschen für uns einrichten, sind sehr unvollkommen und bedürfen immer wieder besserer Anpassungsformen.

Das andere ist auch wahr. Es ist unheimlich, wozu Menschen in Angst imstande sind. Das darf man nicht durch eine rasche Erklärung aus der Welt nehmen. Wer von Angst spricht, spricht von einem Abgrund, der im letzten rational nicht durchschaubar ist; sonst wäre nicht die einzige Antwort darauf das Vertrauen – wieder etwas gewissermassen Irrationales.

Denken Sie nicht, dass es so etwas wie das Geheimnis des Bösen gibt? Mir scheint dies eines der Geheimnisse schlechthin.

Ja, so ist es. Ich glaube nicht daran, dass man die Liebe und den Hass rational begründen kann. Das wäre so, wie wenn Wesen, die gerade seit ein paar tausend Jahren wirklich zu sprechen und zu denken beginnen, den gesamten Ablauf des Lebens seit vielen hunderten von Millionen Jahren für verstanden erklären wollten. Davon sind wir weit entfernt. Ich finde aber auch wenig Recht daran, Menschen wie zum Beispiel Adolf Hitler als das schlechthin Böse auszugeben. Wir schaffen uns dann einen Sündenbock, einen personifizierten Teufel, rücken Teile, die in uns selber liegen, endgültig in die Geschichte und machen uns so selbst zu guten Menschen. Weil wir dann ganz sicher keine Hitlers sind. Da wissen wir dann zumindest, wo das unerklärbar Böse ist, und erklären uns selber als weit entfernt davon. Dass dem nicht so ist, hat sich in einem Schüler-Experiment gezeigt, als man mit einer Schulklasse Verhaltensbedingungen einübte, die präfaschistisch waren. Ich behaupte, Sie können acht Menschen, die Sie beliebig von der Straße holen, in wenigen Tagen durch eine entsprechend eingesetzte Gruppenpsychologie in einen Zustand bringen, der, im kleinen Modell, faschistischen Strukturen entspricht. Das liegt in uns, und es verbraucht unter Umständen die besten Kräfte der Solidarität, des Schutzes, der Verantwortung, des Sicherheitsbedürfnisses, der Identifikation für hohe Ziele, der Bereitschaft, sich selber aufzuopfern. Es müssen nur wahnsinnig genug erscheinende Bedingungen gesetzt werden, und es wird immer wieder Hitlers geben. Es macht keinen Sinn zu sagen, dieser Mann war so schrecklich (und wir sind ihn los), da ist das Böse an und für sich. Das Böse liegt wirklich in uns. Und also müssen wir es verstehen, oder wir sind völlig hilflos.

Ich sehe vielmehr das Bild des Rattenfängers von Hameln: Hitler hat auf einer Flöte eine böse Melodie gespielt und damit aus vielen anderen ihr eigenes Böses hervorgelockt.

Das Problem ist, dass die Menschen, die dann verführt wer-

110

den, ja sogar Hitler selber, nicht einmal sehen, dass das böse ist. Ich werde niemals die Erinnerung an eine Rede Hitlers aus dem Jahre 1939 los, als er in seiner Art herausschrie: „Weh dem, der schwach ist!" Die Verführungskraft Hitlers lag einzig darin, dass seine persönliche Angst, Ausgesetztheit, Verzweiflung mit einer ungeheuren Resonanzwirkung gerade dem entsprach, was Millionen Deutscher auch fühlten. Er war deren Sprachrohr. Was er sagen konnte, waren immer, bis in die letzten Jahre und Monate hinein, Sätze von dem einsamen Mann nach dem Ersten Weltkrieg, der, ganz allein auf sich gestellt, versucht, dem deutschen Volk zu dienen. Das hatte eine ungeheure Sogwirkung. Ebenso das Empfinden, dass es für den Schwachen auf dieser Welt kein Recht gibt – also ist jede Art von Gewalt scheinbar berechtigt. Dies ist die Gefühllosigkeit von Kriminellen, ohne Zweifel; das ist der Dschungel, nicht die Welt der Kultur. Aber es kann ein ganzes Volk, offenbar auch noch im 20. Jahrhundert, dahin gedrängt werden, so zu fühlen. Es ist auch heute noch möglich, und ich sehe, dass es in vielen Ländern der Welt immer noch funktioniert. Es kann sein, dass Millionen Menschen gleichzeitig das Empfinden haben, wir sind die „outlaws" der Weltgeschichte – und dann Gnade uns Gott und dem Rest der Welt.

Sie nähern sich diesen Themen ja auch mit der Archetypenlehre von C. G. Jung, der versuchte, das Wüten des deutschen Volkes, den „furor teutonicus", mit dem Bild des Wotan zu umschreiben.

Dies ist furchtbar. Aber Jung hat insofern recht, als er die Archetypen in ihrer ungeheuer verführenden und kollektivierenden Kraft beschrieben hat. C. G. Jung war im Dritten Reich, wie man weiß, nicht gerade auf der Höhe seiner selbst. Ich kann ihm sehr schwer verzeihen, dass er den Mann, den ich im abgelaufenen Jahrhundert am höchsten schätze, Sig-

mund Freud, als den Urheber einer „typisch jüdischen"
Psychoanalyse glaubte diffamieren zu müssen. Freud litt an
Mundkrebs und musste erleben, wie man seine Bücher ver-
brannte und er schließlich in die Emigration getrieben wurde. C. G. Jung hatte ihm doch schließlich Entscheidendes
für sein Leben zu verdanken. Wenn man dann in den Brief-
wechseln liest, wie mindestens erfüllt von Taktgefühl, bei allem verhaltenen Zorn, Sigmund Freud auf seinen Schüler,
als den er ihn freilich immer noch sah, reagiert hat, dann
spricht in meinen Augen alles für den großen, ungläubigen
Juden Sigmund Freud. Ich habe ihn sehr, sehr gerne.
Aber richtig bleibt, dass C. G. Jung die Geschichten von Wotan gerade so nicht verstanden hat, wie seine Kritiker es heute auslegen. Er wollte sagen, dass die Gefahr des kollektiven
Denkens mit seinen archetypischen Bildern für das persönliche Ich – und also die einzige Wahrnehmungsstelle der Re-
alität und der Ethik – außerordentlich groß ist.

Könnte man sagen, dass der einzelne Mensch eingespannt ist zwi-
schen dem kollektiven Unbewussten und dem kollektiven Über-Ich
und durch diese Kräfte hindurch zu einem Menschen werden muss?

Richtig. Indem er beides zu relativieren lernt. Und das macht
die ganze Gefahr, die Schwierigkeit, die Angst aus, die dazu
gehört, ein freies Individuum zu sein. Dem Namen nach lehrt
unsere Religion und Kultur gerade dies als Ziel. Die Freiheit
des Menschen. Aber de facto, wie die Dinge stehen, ist jede
Behörde froh, wenn sie angepasste, gleichgeschaltete, loya-
le, pflichtbewusste Untertanen hat. Da sei nun Gott vor.

Moraltheologie und der wirkliche Mensch

Damit sprechen Sie generell auch Moralvorstellungen an, die in unserer Gesellschaft ja stark vom Christentum geprägt worden sind. Ich gebe diese Problematik nur sehr verkürzt wieder. Ihre Gegner sagen, Sie nähmen in der katholischen Moraltheologie die Bandbreite gegenwärtiger Reflexionen nicht zur Kenntnis, klammerten also den neuesten Stand in selektiver Weise aus.

Der neueste Stand der katholischen Moraltheologie ist der allerälteste, und es ist ein ganz schlimmer Stand. Man begreift bis heute nicht, was in Martin Luther vor sich ging, als er die Unfreiheit des Menschen vor Gott lehrte – ich ergänze: im Feld von Angst und Verzweiflung. Es gibt keine Moraltheologie, die nicht als erstes das kleine Einmaleins der Erlösungslehre sein müsste. Und da finde ich nun an keiner Stelle, dass eine Moraltheologie mit der Erlösungslehre beginnt. Rein faktisch hat sich beides voneinander abgekoppelt. Erlösungslehre wird in der Dogmatik betrieben, und die Moraltheologie erlaubt sich, so nett zu sein und mit dem erlösten Menschen zu beginnen. Das Problem fällt dazwischen. Die einen sagen, wir sind erlöst, und die anderen beschreiben, was man tun muss, wenn man erlöst ist. Die entscheidende Frage des Christentums ist, wie man vom Tod zum Leben, von der Sünde zur Freiheit übergeht. Und das wäre das gemeinsame Thema von Glauben und Leben, von Dogmatik und Moral. Indem wir beides auseinanderreißen, waschen wir uns die Hände rein und machen die Menschen tot. Diesen Zustand der Moraltheologie zeige ich an einzelnen Fällen auf, an den Problembereichen, die in der Praxis am wichtigsten sind: am Bereich der Sexualmoral, bei der Frage der Wiederverheiratung Geschiedener. Die Frage der Empfängnisverhütung ist für die Menschen relativ nebensächlich geworden, anders als in der Sicht des Vatikans. In

Fragen von Krieg und Frieden, Fragen des Umgangs mit Liebe und Wahrheit, Fragen von Selbstmord und Euthanasie – in all den Punkten, wohin immer Sie greifen, haben Sie katholischerseits einen Typ von Moraltheologie vor sich, der nicht imstande ist, dialektisch zu denken, Zwischenwerte wahrzunehmen, den Tragödien des menschlichen Lebens gerecht zu werden. Immer – weil wir Menschen ja erlöst sind und weil Gott sich nicht widersprechen kann – gibt es keine letzthin unvermeidbare Tragik. Daran hält die Moraltheologie bis heute fest. Ich sehe aber, dass Menschen immer wieder Dinge tun müssen, die sie gar nicht tun wollen. Das Problem der Abtreibung wird gerade in der Bundesrepublik außerordentlich leidenschaftlich diskutiert. Ich glaube, wir könnten als Kirche ganz anders dastehen, wenn wir sagten: „Die Tötung eines Embryos ist die Tötung eines werdenden Menschen; aber wir kennen Frauen, die nicht wussten, dem Leben anders zu dienen. Und sie sind keine Mörderinnen. Was immer sie noch sind, Mörderinnen sind sie nicht."

Allein, ein Strukturtyp von Logik, der imstande wäre, solchen Situationen gerecht zu werden, existiert nicht in der katholischen Moraltheologie. Es gibt zwischen Angst und Vertrauen, zwischen Unfreiheit und Freiheit, zwischen Tod und Leben keine wirklichen Übergangsformen, die beschreiben, wie in dem Hin und Her, in dem Zwischenstatus der wirklichen Existenz, Menschen sich zurechtfinden können.

Vertrauen und Subjektwerdung

Wo liegt nach Ihrer Denkweise die normgebende Kraft, an der sich eine Ethik orientieren kann?

Im Inneren des Menschen selber.

Aber können die inneren Stimmen nicht auch sehr irreführend sein?

Sie können sehr irreführend werden, wenn Menschen in Angst zu sehr verwirrt werden. Und vor allem, wenn sie immer wieder Menschen begegnen, die von außen wissen, was das normativ Richtige ist. Das treibt sie immer mehr in die Irre. Denn es führt nicht dazu, das Chaos in sich selbst zu lösen. Ein einfaches Beispiel: Ein Mann, der immer wieder mit anderen Frauen fremdgeht, will das womöglich überhaupt nicht; er liebt im gleichen Augenblick seine eigene Ehefrau, möchte zu ihr zurück, weiß genau, dass er dies sollte, glaubt im übrigen daran, dass seine Ehe vor Gott geschlossen ist und dass Christus will, dass er seiner Frau treu ist. Ich will damit andeuten: All die richtigen Anweisungen sagt ja ein solcher Mensch sich selber. Er hält sich aber nicht daran. Der Grund hierfür muss als erstes aufgeklärt werden. In all der Zeit, die dazu verwendet wird zu verstehen, warum Menschen anders handeln, als sie eigentlich möchten, hat der Einsatz weiterer Befehle oder normativer Vorstellungen nicht den geringsten Wert. Er verunsichert noch mehr, macht noch mehr Schuldgefühle, schafft Gegenreaktionen von Widerstand, vermehrt den Grad der inneren Reibung. Das, was geschehen sollte, wäre, einen Menschen soweit zur Ruhe kommen zu lassen, dass das Wasser sich klärt und durchsichtig wird bis zum Grund. Dann wird sich zeigen, was in der einzelnen Situation richtig sein kann oder nicht. Das einzige, was man sicher weiß: Es muss erst einmal alles möglich sein, was am Ende stimmt.

Könnte es sein, dass sich Ihr Menschenbild zu einseitig am neurotischen Menschen orientiert?

Ich glaube, dass die christliche Lehre sich am besten versteht, wenn man die Neurosenlehre benützt, um die Erlösungsbedürftigkeit des Menschen nachzuzeichnen. Ich sage nicht, alle Menschen sind neurotisch; aber alle Menschen leiden an sich selber, außerhalb eines Vertrauens, das sie letztlich nur in Gott finden können.

Besteht nicht die Gefahr einer Subjektivierung der Religion, wenn man den Einzelnen zu sehr in den Mittelpunkt stellt?

Ich glaube, dass das Christentum in dem Sinne keine objektive Religion ist, dass es einen Schatz von äußerlich zu formulierenden Wahrheiten besitzt. Es hat eine ganze Reihe von Erlebnisevidenzen in sich, die sich natürlich auch beschreiben lassen und als Erfahrungsvorgabe gegenüber der individuellen Biographie von Belang sind. Aber letztlich sollte das Christentum gerade die Subjektwerdung des Gläubigen zum obersten Thema machen. Und das ist nicht Subjektivismus, es ist die Realisierung dessen, was Glauben heißt.

Gnosis für das dritte Jahrtausend

In Bezug auf die Erlösung des Menschen wird Ihnen auch zum Vorwurf gemacht, Sie predigten eine gnostische Form von Selbsterlösung.

Selbsterlösung ist ein Unverstand – gerade wenn die Diagnose Angst heißt, kann kein Mensch sich selbst erlösen. Solange man auf den Wind und auf die Wellen schaut, wird man untergehen beim Gang über das Meer. Und man braucht unbedingt ein Gegenüber, das sagt: „Komm!".
„Gnostisch" höre ich oft von Menschen sagen, die kaum wissen, was das ist. Ich denke, dass die Gnosis in den ersten drei-

hundert Jahren der frühen Kirche sehr wichtige Anliegen vertrat, die wir dann bis heute dogmatisch weggeleugnet haben. Zur Gnosis gehört das Wissen darum, dass die Botschaft Jesu heilend wirken muss, dass Glaube und Therapie in irgendeiner Weise eine Einheit sind und dass man die Glaubenssymbole des Christentums auf ihre psychische Bedeutung hin befragen muss. Wenn das Gnosis heißt, finde ich es sehr richtig. Die Gnostiker, wie sie Tertullian in seinem Büchlein über die „Prozesseinrede" beschreibt, waren Häretiker, die ihm zufolge überhaupt kein Recht hatten, sich auf die Bibel zu berufen, denn „nur wir Katholiken haben die Bibel in der Hand und legen sie richtig aus". Tertullian beschreibt die Gnostiker voller Hass als eine Kirche, in der die Frauen predigen dürfen, die Kinder zugelassen sind, wo man keine langen Katechismustexte lernen muss, wo Mitsprache gepflegt und auf Tiere Rücksicht genommen wird. Mit anderen Worten, mir scheint mitunter, dass die gnostische Kirche, wie wir sie um 300 nach Christus haben, vielleicht die Kirche im dritten Jahrtausend werden könnte. Das Johannesevangelium jedenfalls ist voller gnostischer Anspielungen, die wir noch nie beherzigt haben. Da sind es die Frauen, die die Osterbotschaft predigen (Maria von Magdala!), da gibt es keine beamtlich verwalteten Sakramente; da gibt es einen Geist, der von innen wirkt, und einen Gott, der auf der Suche ist nach Menschen, die ihn in Geist und Wahrheit anbeten. Auf diese Suche sollten wir uns begeben. Wie das dann heißt, ob gnostisch oder christlich, wird sich zeigen.

Der Psychoanalytiker Arno Gruen macht in seinem Buch „Der Verrat am Selbst" die folgende Beobachtung: Er meint, es sei eigentümlich, wie sehr sich die christliche Kirche über die Gnosis ereifert habe und wie wenig über die römischen Kaiser, die ihre Märtyrer umgebracht haben; dass die Kirche, selber in Opposition zu Rom, sich mit Rom als einem Vorbild der Macht identifiziert habe. Die Gno-

sis aber sei von Tertullian unterdrückt worden, weil keine Klassenunterschiede zwischen Bischöfen, Priestern und Gemeinden existiert hätten.

No comment – das stimmt.

Wenn wir uns das Bild von Licht und Schatten vor Augen halten, das wahrscheinlich auf alle Daseinsformen zutrifft, könnte man sich fragen, ob Sie sich mit Ihrer Attacke gegen die katholische Kirche nicht zu sehr im Schattenbereich dieser Kirche verfangen haben.

Ganz sicher, aber nicht durch Zufall. Ich denke mir, dass jeder Mensch, der Licht gibt, auch Schatten wirft, sobald er sich selber dazwischen stellt – zwischen sich und die Menschen. Das Beste wäre, sich relativ durchsichtig zu machen. Das heißt, nicht die eigenen Erfahrungen zum Maßstab für ein fremdes Leben zu erheben, nicht die eigenen Gedanken zur Norm für den anderen, auch nicht die eigenen Wertsysteme. So besteht auch die Psychotherapie, wie Freud sie gelehrt hat, wesentlich in der Zurücknahme der eigenen Wertmuster, der eigenen Urteilsformen. Es ist ein ständiges Bemühen, dem anderen so nahe zu kommen als es geht. Also mit Skiern über den Schnee zu gleiten, statt mit dem Schneepflug rechts und links große Berge aufzuwühlen. In diesem Sinne stehe ich innerhalb der katholischen Kirche ganz sicher im Schatten, denn ich werfe der Kirche ständig vor, dass sie sich an die Stelle Gottes setzt. Sie macht sich extrem zu wichtig. Sie setzt sich als eine Apparatur zwischen Himmel und Erde, und das ist genau der Vorwurf, den Jesus den Theologen seiner Zeit gemacht hat. Ihr sitzt, sprach er, auf dem Lehrstuhl des Moses; ihr habt den Schlüssel zum Himmelreich in der Hand, aber ihr geht selber nicht hinein, und ihr lasst auch niemanden hinein. Genauso ist das, wenn aus dem Christentum eine objektive Lehre, verwaltet von einem unfehlbaren Lehramt und von hierarchischen Institutionen, wird. Am Ende geht uns Gott dabei verloren – hinter einem ganzen Aufbau von Mittlerpersonen, von der Muttergottes über die Schutzengel bis hin zum Papst, den Bischöfen und den Priestern. Über alle möglichen Vermittlungsinstanzen muss der Regen schließlich auf die Erde gebracht werden, aber sie selber wird darunter zur Wüste.

„Katholische" Ökumene

Im Grunde hat Luther Ähnliches gedacht, aber wenn man sieht, was aus seiner Kirchenvision geworden ist, könnte man sagen, die hierarchische Struktur habe sich in eine verbeamtete Struktur verwandelt.

Das stimmt. Die Kirchen der Reformation haben den eigenen Ansatz in den Wirren, die dann aufbrachen, sehr bald wieder verloren. Die Wiedertäufer, Thomas Müntzer, die Rückanlehnung an die Fürstenpolitik, die Luther ursprünglich überhaupt nicht wollte, haben dazu geführt, dass man im Widerspruch gegen die katholische Kirche – wie es dialektisch dann zu sein pflegt – deren Strukturen nachgebildet hat. Dennoch glaube ich, dass die protestantische Kirche im allgemeinen mehr versteht von der Tragik des Menschen, seiner Einsamkeit und seiner Angst. Paul Tillich hat einmal sehr schön gesagt, der Protestantismus sei die Glaubensform der Grenze. Das leuchtet mir völlig ein. Man versteht das, was Luther wollte, und das, was im Protestantismus lebt, nur vom Rande her, von der höchsten und tiefsten Infragestellung. Aber diese gehört zur Individuation. Eben deshalb darf sie im Katholizismus nicht verleugnet werden.
Es mag sein, dass der Protestantismus ohne den Widerpart der katholischen Kirche eine eigenständige Konfession gar

nicht sein könnte. Das sagen große Protestanten selber; Thielecke, beispielsweise, konnte seine Ethik damit beginnen, dass er sagte, was protestantisch sei, lasse sich nur definieren im Gegenüber zum Katholizismus. Da ist ein ständiges Reiben und ein ständiges Widersprechen. Aber eben deshalb ist es so schlimm, dass wir etwas, was zusammengehört, auseinandergerissen haben. Wahrheit und Leben, Person und Glaube dürfen nicht diesen Kontrast bilden, der in der abendländischen Kulturgeschichte eingetreten ist.

Glauben Sie, dass durch ein Zusammenfinden dieser beiden Konfessionen das Christentum wieder zu einer bestimmenden Kraft in einer modernen Welt werden könnte?

Ich glaube, dass wir zur Ökumene zwischen der katholischen und der protestantischen Konfession paradoxerweise nur finden können, wenn wir die Thematik des Katholischen weltweit ausdehnen, also begreifen, dass die Bilder, die wir zur Beschreibung von Glaubenserfahrungen benötigen, universell im Menschen liegen. Jungsche Tiefenpsychologie also als Instrument des theologischen Selbstverständnisses. Dann würden wir begreifen, dass wir von Gott am besten nur so sprechen, dass es sich auf der Ebene dichterischer Erfahrung, künstlerischer Verdichtung von Existenz mitteilt. Und dann so verstehbar wird wie Beethovens Siebte oder die Bilder von Van Gogh oder die Malereien von Edvard Munch. Das Gespräch zwischen Christen und Juden und zwischen Christen und Heiden lässt sich, glaube ich, erst dann wirklich führen, wenn wir begreifen, dass beide Ebenen – der israelitische Monotheismus und die plurale Welt der mythischen Bilder – eine Einheit bilden können. Und das könnten und sollten sie, nach meinem Eindruck, im Christentum. Aber damit es so sei, nochmals gesagt, müssen beide Konfessionen, die wir im Abendland haben, ihre

Einheit begreifen. Und das stößt, heute noch erkennbar an vielen Machtfragen, auf Widerstand.

Theologie zu studieren bedeutet immer noch, den Provinzialismus zu rechtfertigen, den man als Kind bereits gelernt hat. Jeder Theologe beweist sich in gewissem Sinne, dass da, wo er groß geworden ist, in seiner Wiege, Gott in unerdenklicher Barmherzigkeit gerade den Platz erschaffen hat, den er bis zum Lebensende rechtfertigen muss – gegen den Rest der Welt. Da ist es für Christen völlig egal, was die Muslime in Kairo in der Al Ashar-Moschee bei der Koraninterpretation herausfinden oder die Buddhisten in Rangun über den Pali-Kanon. Wir sind die Wahrheit, und wir werden es dem Rest der Welt beweisen.

Dies aber geht nicht mehr, seit die Menschheit endgültig zusammengerückt ist und die Zeit, da sie divergierte, neue Rassen, neue Sprachen, wirklich neue Kulturen hervorbringen konnte, ein für allemal vorbei ist. Die Menschheit von morgen ist eine einzige Menschheit, und sie wird nur eine Religion verstehen und aufnehmen, die zeigt, wie man integral mit der Natur ringsum lebt, zwischen den Kulturen und im Menschen selber.

Königtum Gottes: Gewähren lassen

Was aber soll mit den verschiedenen Strukturen der Macht und der Autorität geschehen?

Wir werden hoffentlich merken, dass wir mit viel mehr Vertrauen in die Selbststeuerungsprozesse des Lebens auf Macht verzichten können. Das Großartige, was uns gerade die Naturwissenschaften zeigen, ist, dass jede Wolke am Himmel, jeder Wirbel im Wasser imstande ist, ein sich selbst organisierendes System zu schaffen, mit einer eigenen Ordnung;

dass das Lebendige voll von solchen Strukturen ist. Es braucht keinen übergeordneten Gubernator, keinen Gott, der das alles im Detail plant, oder einen Menschen, der in einer Überbehörde alles kontrolliert und manipuliert. Die Dinge leben viel besser aus sich selbst, wenn man sie nur lässt. Und jemand, der das versteht, hat die wirkliche Macht; er ist dem Königtum Gottes sehr nahe.

Das hieße, in vollem Vertrauen darauf zu leben, dass wir Gott vertrauen können und dass er uns vertraut. Mir scheint, dies ist eine wesentliche Botschaft des Gleichnisses vom verlorenen Sohn. Gott hat seinem Sohn so großes Vertrauen gegeben, dass er sogar scheitern durfte.

Der Vater lässt den Sohn einfach gehen; findet, er gehe in den Tod, und trotzdem lässt er ihn gehen.

Ich finde es tragisch, dass nur wenige Menschen zu einem solchen Vertrauen finden können. Von Frère Roger stammt der Satz: „Wäre das Vertrauen des Herzens aller Dinge Anfang, du kämest weit, sehr weit."

Genauso denke ich. Es hat mich besonders gefreut, dass die erste französische Besprechung der „Kleriker" aus Taizè kam.

Und ein anderer Satz, den Frère Roger gern zitiert und der auf die Frage von Angst und Vertrauen Bezug nimmt, lautet: „Die Menschen sind durch die Wunden geheiligt, die sie in der Kindheit empfangen haben." Frère Roger hat ihn von Papst Paul VI. gehört und meint dazu, dies sei für ihn der schönste Satz des Vatikanum II gewesen.

Falls deren Wunden heilen können.

122

Das wäre der Ansatzpunkt der Gnade.

Richtig. Es gibt, für mich sehr eindrucksvoll, im dritten und vierten Kapitel des Exodus die Szene, wo Moses deutlich spürt, dass Gott ihn will. Aber sein Haupteinwand ist, nach allem Hin und Her: „Ich bin ein Mann schwer die Zunge, schwer der Mund. Ich." Das ist kein hebräischer Satz, das ist ein Fragment von Worten. „Auch nicht seit gestern, auch nicht seit vorgestern, auch nicht seit deinem Reden mit deinem Knecht."

Moses will sagen: „Ich täte so gerne, was Du willst: ein ganzes Volk in Freiheit führen; aber ich kann es nicht. Ich bin ich, und das bedeutet, es geht nicht. Das ist nicht nur jetzt so, das war immer so. Und hat sich auch nicht geändert, seitdem Du mit mir sprichst. Es wird immer so bleiben."

Und dann sagt Gott selber: „Wer hat denn den Menschen gesetzt? Blind oder taub, lahm. Nicht etwa ich?" Das soll heißen, dass man selbst hinter den Verletzungen noch sehen sollte, was Gott setzt.

Und dann antwortet das Ich Gottes dem verzweifelten Ich des Menschen: „Und jetzt gehst du und ich werde sein mit deinem Munde." Das ist für mich eine wunderbare Stelle, weil sie zeigt, dass Gott gerade das nicht tut, was wir oft hoffen: er nehme alles Leiden weg, er mache die Vergangenheit ungeschehen, er nehme die Verkrüppelungen aus unserem Leben einfach wieder fort. Er steht dazu, und er lehrt uns, selber dazu zu stehen. Und wenn das möglich ist, fängt Gott an zu reden. In lauter zerbrochenen Mündern.

Könnte man von daher auch das Kreuz verstehen?

Ja, ich denke, dass das Kreuz ein Trost für das nichtvermeidbare Leid ist oder für das Menschen auferlegte Leid, das diese nicht mehr aus der Vergangenheit streichen können.

Aber das Christentum sollte sich hüten, das Kreuz immer wieder aus einer höheren Absicht Gottes zu erklären. Zu allererst ist es die Offenbarung, was Angst aus Menschen machen kann, wie gnadenlos sie sich gegen die Wahrheiten sträuben, die sie ganz deutlich in ihrer Berechtigung spüren. Sie werden als erstes alles tot machen, was ihnen hilft zu leben. Nicht Gott braucht das Kreuz; aber wir Menschen richten – offensichtlich aus lauter Angst – ständig Kreuze auf, bis dass wir merken, wie wir neu beginnen könnten. Wir kriegen es am Ende, Gott sei Dank, doch nicht tot, was wir selber sind.

Da Sie Frère Roger zitieren, möchte ich unser Gespräch mit einem Zitat von Laotse, dem chinesischen Weisen, beenden. Er sagt: „Wenn das Tao (also der Weg oder Gott) verloren ist, ist auch der Sinn verloren. Wenn der Sinn verloren ist, dann auch das Leben; wenn das Leben verloren ist, dann auch die Gerechtigkeit; wenn die Gerechtigkeit verloren ist, dann auch die Sittlichkeit. Die Sittlichkeit ist nichts anderes als des Lebens Trübsal und Notwendigkeit."

Und an anderer Stelle sagt Laotse: „Denn wen der Himmel schützen will, den schützt er durch die Liebe."

VI   Zweites Gespräch

Der Kirchenkonflikt

Felizitas von Schönborn: Herr Drewermann, Ihr Konflikt mit der katholischen Kirche über die Abtreibung, über die Jungfräulichkeit Mariens, über die Christologie und das Amtspriestertum will kein Ende nehmen. Sehen Sie überhaupt noch die Möglichkeit zu einer Verständigung, zu einem Kompromiss?

Eugen Drewermann: Nein, nicht bei dem abergläubischen Fundamentalismus, den die Bischöfe heute ihren Gläubigen in den angesprochenen Fragen verordnen, und auch nicht bei der Strategie ständiger Dialogverweigerung. Eigentlich wäre das ganz einfach – wir sollten über alle Themen wenigstens miteinander reden, und wir sollten undogmatisch historische Fragen, wie die Einsetzung der Sakramente, historisch zu klären suchen. Ich habe ein halbdutzendmal dem Erzbischof geschrieben: Wenn wir doch nur reden könnten, dann würden sich die Sachprobleme klären. Aber nein, er hat mich nur verurteilt, und es fand sich kein einziger Bischof, außer einmal W. Kasper im Fernsehen, bereit, mit mir zu diskutieren. Denn dieses System schafft es immer wieder, Theologie in Verwaltungsbürokratie zu verwandeln. Auf der unteren Stufe wird daraus eine reine Disziplinfrage. Hier geht also Macht vor Wahrheit und setzt sich an die Stelle

Gottes. Daran würde sich auch unter einem anderen Erzbischof als Johannes Josef Degenhardt nichts ändern, der ja selber unter direktem Druck Roms gehandelt hat. Daher ist für mich Widerspruch gegen ein solches System unvermeidbar.

Sie sind also ein Aufrührer?

Ich bin nicht der Ruhe, sondern der Wahrheit und den Menschen verpflichtet. In dieser Zweiklassenkirche von Klerikern und Laien aber sieht die hierarchische Beamtenschaft allen Ernstes ihre Hauptaufgabe darin, ihre Form der Wahrheit über Gott und Christus, die Apostel bis hin zum Papst zu vermitteln. Alle anderen, die ihr angehören, müssen daher den Entscheidungen des kirchlichen Lehramtes folgen. Die Gläubigen haben in Fragen der Wahrheit weder zu entscheiden noch mitzureden. Dies obliegt allein dem ausführenden Organ der Kirche selbst, sozusagen dem Sozialkörper, als dessen Seele sich die kirchliche Beamtenschaft versteht.

In Ihrer Sicht bildet die Kirche ein geschlossenes System. Halten Sie es für ganz undenkbar, dass eine Wirkung von unten − von den Gläubigen ausgehend − diese von Ihnen angeprangerte Starre aufbrechen könnte?

Jede Anregung von unten würde unerhört bleiben.

Ist es dann einzig die Stimme Eugen Drewermanns, die sich dagegen laut und vernehmlich zu Wort meldet?

Nein, ich bin bestimmt nicht der einzige. Die meisten aber wagen nicht einmal mehr, den Mund aufzumachen. Die Theologiedozenten wissen selbstredend genau, dass die Jungfräulichkeit Mariens zum Beispiel in der Bibel ein Bild des Mythos, keine historische Tatsache ist oder dass Jesus natürlich historisch keine Sakramente eingesetzt hat, sondern dass es sich hier um Riten handelt, die überall in der Religionsgeschichte vorkommen und mit denen man allenfalls deuten und verdeutlichen kann, was Jesus wollte. Aber sie hüten sich, all das öffentlich zu sagen. Sie sind ganz einfach feige und oft auch unaufrichtig. Andere wandern einfach aus der Kirche aus. Weil die Kirche ihnen nicht zuhört, hören sie auch nicht mehr auf die Kirche.

Geht es bei Ihren Auseinandersetzungen also in der Hauptsache wirklich um die strittigen Themen, oder will man Eugen Drewermann einfach mundtot machen?

Es geht ganz eindeutig um die Macht des Klerus gegen die Freiheit, die ich mir nehme, um den Glauben der Kirche so auszudrücken, dass er den Gefühlen, den Erfahrungen, dem Leben der Menschen zur Hilfe und Interpretation dient. Ich sage keine anderen Dinge als die kirchliche Lehre, aber ich drücke sie in einer anderen Sprache aus als der verordneten. Und das greift – ohne dass ich es will – die Macht an. Es gibt da Machtkandaren, die in Sprachspielen Begriffe vorschreiben, die man nur nachzusprechen hat, um zu dieser Kirche, zu diesem Sozialverband zu gehören. Gerade diese Struktur der Macht will ich verändern.

In der Kirche herrscht eine Sprache, mit der weder die Eltern zurecht kommen, wenn sie zu ihren Kindern über den Glauben sprechen wollen, noch die Lehrer im Gespräch mit den Schülern oder die Pfarrer auf den Kanzeln in der Predigt des Gottesdienstes. Dies zeigt doch deutlich, dass eine solche Sprache nicht dem Leben dient, sondern zu einem Selbstzweck geworden ist – sie erklärt sich nur noch selbst. Dadurch wird sie langweilig, nichtssagend, unsinnig. Um diesen Zustand wissen viele – sogar die Priester und Theologen –, aber niemand wagt es, das auszusprechen. Wir brauchen keine zusätzlichen Einsichten, wir bräuchten neuen Mut zum Leben.

Redet man in dieser Weise nicht bei den strittigen Fragen, zum Beispiel auch in der Abtreibungsfrage, aneinander vorbei?

Die katholische Kirche maßt sich heute an, in jedem wesentlichen Bereich menschlicher Wirklichkeit zu bestimmen, was sündhaft ist und auch verbrecherisch. Dabei haben sich die Theologen doch in den letzten 25 Jahren mit viel Fleiß bemüht zu zeigen, dass es ein absolutes Urteil – das unter allen Umständen gilt – in Fragen der Moral nicht geben kann. Um menschliches Handeln zu verstehen, muss man die Beweggründe der Menschen sehen, das Geflecht von Bezugspersonen und Umständen kennen. In der Frage der Abtreibung aber herrscht nach den Vorstellungen des römisch-katholischen Lehramtes eine eindeutige, um jeden Preis durchzusetzende Norm. Das geht hinter die Überlegungen der modernen Moraltheologie zurück.
Und doch schweigen alle. Niemand wagt bisher seine Stimme dagegen zu erheben. Ich bin überzeugt: In zehn Jahren werden dieselben Dozenten, die jetzt schweigen, plötzlich aus den Archiven ihre ausgewogenen und wohldurchdachten Überlegungen herausziehen. Jetzt aber wagen sie es nicht, Partei für Hunderttausende betroffener Frauen zu ergreifen. Sie halten ihren Mund, weil sie um ihr Amt fürchten. Bei soviel Angst kann es keine Erneuerung geben.

Aber man braucht doch nicht katholisch zu sein, um sich gegen die Abtreibung auszusprechen!

Ich selbst bin gegen die Abtreibung, nenne sie die Tötung eines Menschen und betrachte sie als objektiv schwere

Schuld. Dann aber gilt es, je nach den Umständen zu differenzieren: Als Seelsorger, Therapeut und Mensch kenne ich Frauen, die keinen anderen Ausweg sahen, als abzutreiben. Denn die gesamte Welt, in der sie lebten, wäre für sie sonst zusammengebrochen. Und ich kenne keine Instanz der Welt, die von vornherein wüsste, wie belastbar eine Frau ist. Sie entscheidet sich ja nicht nur für die Geburt eines Kindes, sondern für die nächsten 15 bis 20 Jahre ihres Lebens. Nur sie selbst kann beurteilen, ob sie in der Lage sein wird, diese Aufgabe auch zu erfüllen. Bei solchen Fällen spreche ich von einer Tragik, das heißt von einer unvermeidbaren Schuld.

Um es so zu sagen: Vielleicht kann die gleiche Frau, die jetzt abtreibt, drei Jahre später, wenn sie seelisch gereift ist, sehr glücklich über die Geburt eines Kindes sein, aber jetzt sieht sie sich außerstande, anders zu handeln. Menschen in solchen dramatischen Situationen gebührt Verstehen, Begleitung und Mitleid – und allemal Hilfe. Es gilt, das gesamte soziale und geistige Geflecht zu verändern, damit so etwas nicht geschieht. Aber psychisch wird es immer wieder Situationen geben, die sich mit dem Strafrecht nicht lösen lassen.

Schließlich kann man ein Kind nicht gegen die Frau schützen wollen, die es zur Welt bringen soll. Und die Beratungspflicht darf nicht zu einem kirchlichen Instrument der Verbrechensbekämpfung umfunktioniert werden. Zudem müsste man wohl auch darüber nachdenken, ob es so einfach stimmt zu sagen: Ein menschliches Leben entsteht bei der Verschmelzung der weiblichen und männlichen Keimzelle; wenn es so wäre, hätten alle diejenigen Recht, die schon den Gebrauch der Spirale als eines angeblichen Instruments der Frühabtreibung verbieten wollen. Kein Frauenarzt außer in Polen stimmt dem zu. Wenn aber menschliches Leben erst durch die Aufnahme der Mutter entsteht, dann muss eine Frau auch darüber nachdenken dürfen, ob sie ein neu entstehendes Leben wirklich annehmen will oder kann.

Warum werden die Meinungen zu diesem Thema von beiden Seiten manchmal mit einem fast beängstigenden Fanatismus vertreten?

Es kommen da eine ganze Reihe von sozialpsychologischen Faktoren zusammen: der Patriachalismus, ich meine die Männerherrschaft der in der Kirche verwalteten Macht, und die Sexualfeindlichkeit. Ich glaube, dass ein autoritäres System immer – ganz wie in Orwells „1984" – nicht so sehr die Sexualität als die Liebe unterdrücken muss: die Kraft, in der ein Mensch dem anderen durch seine Gegenwart versichert, dass er unersetzlich, dass er etwas unbedingt Wichtiges ist. Wer liebt, fängt an zu glauben, er sei nicht mehr verwaltbar, einfach verplanbar für irgendeine Macht. Daher hat jedes autoritäre System ein vitales Interesse daran, bei den Menschen Misstrauen zu säen gegen die eigene Kraft der Liebe und auch gegen das selbstständige Denken des Einzelnen.

Nochmals zum Thema Abtreibung: Oft sind ungeliebte Kinder auch misshandelte Kinder. Müsste nicht auch für diese armen Wesen viel mehr getan werden?

Für diese und auch für die 15 Millionen Kinder, die jedes Jahr verhungern. Die Kirche trägt ihre Konflikte auf dem Rücken der Einzelnen aus, im Grunde der Schutzlosesten. Sie hat beispielsweise nicht den Mut, die Mächtigen zu kritisieren und zu sagen: Dass jedes Jahr 50 Millionen Menschen verhungern, zeigt deutlich, dass die „Terms of trade", die Bedingungen im Welthandel, geändert werden müssen. Oder: Dass die 50 Milliarden Rüstungsausgaben in der Bundesrepublik Deutschland völlig überflüssig sind. Der militärischen „Sicherheit" und dem kapitalistischen Prinzip der Profitmaximierung werden heute immer noch die tropischen Regenwälder, ganze Biotope und Kulturräume geopfert. Wir sind dabei, eine Wohlstandsinsel einzurichten, die zu einer Grabenburg wird: Die Armen, die daherkommen wie die Ratten, nennen wir Wirtschaftsasylanten; man versteht heute auch in der Kirche unter Verantwortung und Gerechtigkeit schon fast nichts weiter mehr als Sozialegoismus und geht damit weit zurück hinter die Botschaft Jesu. Das ist ungerecht und bestätigt wieder, dass die Institution Kirche stets auf der Seite derer, die die Macht haben, zu finden ist.

Sie sagen pauschal: „die Kirche". Die Kirche besteht aber doch aus einzelnen Priestern, Nonnen und Mönchen, die sich sehr wohl mit größter Hingabe für andere einsetzen. Ich denke zum Beispiel an Schwester Emmanuelle von Kairo und ihre „Müllmenschen", die ich kürzlich besucht habe.

Zweifellos gibt es wunderbare Menschen in dieser Kirche. Doch ich möchte, dass der gesamte „dritte Stand": die 99 Prozent der Kirchenmitglieder, endlich in ihren Nöten ernst genommen werden, sich aussprechen können und Gehör finden. Darauf warte ich.
Man kann nicht von der Ausnahme der Schwester Emmanuelle – die ich sehr schätze – auf das Normalmaß des Katholischen schließen. Schwester Emmanuelle ist groß in ihrem Mitleid. Aber sie darf nicht die Funktion eines Alibis übernehmen. Sie ändert nichts an den Strukturen im Austausch zwischen der Ersten und der Dritten Welt. Man könnte überspitzt sagen, dass sie dazwischen lebt, auf der Brücke von beiden. Wir aber müssen die Strukturen des Welthandels ändern. Ein Entwicklungsland zu sein, bedeutet außenwirtschaftlich, nur mit etwa 3 Prozent an Fertigprodukten

auf dem Weltmarkt vertreten zu sein. Es bedeutete einen Import von Industrieerzeugnissen von mehr als 70 Prozent mit entsprechend hohen Auslandsschulden, und es bedeutet, einem doppelten Anstieg der Preise für Fertigwaren bei stagnierenden oder sinkenden Preisen für Rohstoffe ausgesetzt zu sein – das alles bei einem hohen Grad an Überbevölkerung, Analphabetismus, Unterentwicklung mittelständischer Unternehmen und bei fast immer noch feudalen Sozialstrukturen sowie uralten ethnischen Rivalitäten. Wir verteidigen in den Gatt-Verhandlungen unsere Zollschranken, wir fahren über 50 Millionen Autos allein in der BRD, aber wir reden von Wirtschaftsasylanten und predigen Umweltethik.

Spielen Sie damit auf die Befreiungstheologie an?

Das stimmt. Ich versuche, den Blickwinkel derer, die am meisten leiden, einzunehmen: Das ist in Europa zweifellos das große Ausmaß des seelischen Leidens – bis zu 70 Prozent der Stadtmenschen sind seelisch krank. Wäre ich aber Priester in Rio de Janeiro oder São Paulo, dann würde ich als Befreiungstheologe versuchen, mit meiner Kritik die politisch-sozialen Strukturen zu verbessern.

Sie setzen sich also in jedem Fall für die Schwächsten ein?

Für wen denn sonst? Jemand, der in dieser Welt die Stirn hat, mächtig zu werden oder gar reich, muss so viel in sich selbst getötet haben, dass ich ihn nur bedauern kann.

Da würden Sie mit Dietrich Bonhoeffer übereinstimmen, der einmal gesagt hat, man stünde bei einer inneren Begegnung mit Christus vor der Alternative, ihn erneut zu kreuzigen oder gekreuzigt zu werden – Unrecht zu tun oder Unrecht zu erleiden. Verstehen Sie sich in diesem Sinn als Prophet?

Ich habe von den Propheten eine zu hohe Meinung , um sie mit mir in Verbindung zu bringen. Aber ich finde es einfach zum Tollwerden, dass da ein Bischof existiert, der fürchtet, es könnte sich wirklich einmal etwas Prophetisches zu Wort melden, und jede Erinnerung an die Gestalt eines Propheten sogleich als Hochmut und antichristliche Vermessenheit verteufelt. Jesus war ein Prophet. Ich dachte, es sei Aufgabe der Kirche, solche Kräfte freizusetzen. Aber nein, sie fühlt sich augenblicklich bedroht, wenn jemand wirklich noch glaubt, man könne das nachleben, was Jesus wollte. Das gilt als unverfrorene Anmaßung, als aufsässiger Eigendünkel. Aber da fühle ich mich in sehr guter Gesellschaft. Ich lese die Bibel so, dass man leben sollte, was sie lehrt.

Über das Glück

Warum sehen Sie in Sören Kierkegaard den letzten Propheten des Abendlandes?

Weil er der letzte war, der aus der Kraft religiöser Überzeugung es wagte, die Kirchen dahin zu kritisieren, dass sie zwar einen christlichen Betrieb unterhielten, aber nicht christlich seien. Man braucht doch nur durch die Fenster zu schauen und sieht, was wir haben: Glockenläuten, Altäre, Kirchen, Talare, Kerzen, viele Bedienstete – einen riesigen Bühnenaufwand für die Kulisse des Christlichen. Aber uns fehlt die christliche Lebensweise, sie würde das alles in Frage stellen.

Andererseits muss man Kierkegaards geniale Analysen von Angst und Verzweiflung heute unbedingt mit der Neurosenlehre der Psychoanalyse verbinden, damit sie wirklich hilfreich werden. Für Kierkegaard existiert das Unbewusste noch nicht. Alles, was er an Verlorenheit beschreibt, steht deshalb unter dem Zeichen der Verurteilung. Die Erbarmungslosigkeit und das mangelnde Verständnis, die Kierkegaard anderen Menschen gegenüber an den Tag legte, missfällt mir jedoch sehr. Vielleicht wird mein Fegefeuer darin bestehen, diesen großen Mann zu treffen und eine halbe Ewigkeit mit ihm zu diskutieren, bis ich mich selbst so gut verstehe, dass es seinen Blicken standhält.

Wer sind Ihre anderen „Lieblingsphilosophen"?

Kant, Nietzsche, Freud, Schopenhauer – und vielleicht auch Sartre.

Im Grunde war ihnen allen das sogenannte bürgerliche Glück fremd, weil sie ganz ihrer Aufgabe lebten. Ist es unanständig, glücklich zu sein?

Nein, es ist die Frage, in welcher Weise man glücklich wird. Nietzsche hat vieles über das Glück geschrieben, das wunderbar ist. Freud konnte gegen Ende seines Lebens sagen: Wenn ich jemals einem Menschen geholfen habe, dann habe ich sehr geliebt.

Darin spiegelt sich wohl die von Ihnen so oft beklagte Gespaltenheit des westlichen Menschen wider. Ist man da nicht fern von den Versen des Angelus Silesius: „Die Ros' ist ohn' Warum; sie blühet, weil sie blühet. Sie acht' nicht ihrer selbst, fragt nicht ihrer selbst, fragt nicht, ob man sie siehet."

Glück fällt nicht in den Schoß, außer es ist das, was Schopenhauer als den Naturzustand des Schlafes beschrieb, oder Freud als die Sehnsucht, ins Unorganische zurückzukehren. Die Welt, wie ich sie vorfinde, erzeugt in mir Übelkeit. Sie besteht aus lauter Leid, das sie nicht zur Kenntnis nehmen will; sie bleibt davon unberührt. Wenn es mir gelänge, ein klein wenig daran zu ändern, würde mich das sehr glücklich machen.

Glauben Sie nicht, dass es trotz aller Widerwärtigkeiten ein ausgeglichenes Leben geben kann, das man ein glückliches nennen könnte?

In der Zeit jedenfalls, in der ich lebe, stellt sich diese Frage nicht. Ich glaube, es gibt im Christentum dazu auch keine Legitimation. Als Jesus seine Jünger ausschickte, sagte er für den, der seine Worte wirklich ernst nimmt, eine Reihe von Schikanen voraus: Verfolgung, Spott, Verleumdung... Das bürgerliche Glück und der Geist der Behaglichkeit waren nie mein Ziel. Aber Glück als Funktion von Identität, Wahrhaftigkeit und Liebe – das unbedingt!

Die Religion und der moderne Mensch

Wie kann der moderne Mensch Ende des 20. Jahrhunderts noch einen echten Zugang zur Religion finden?

Immer wieder ist das Religiöse mit dem Ungewöhnlichen in Zusammenhang gebracht worden: Gott musste Wunder wirken, Erscheinungen und Spektakel veranstalten, er musste von außen auf die Welt und auf die Menschen wirken. Durch diesen Ansatz ist auch das Christentum, besonders seine Dogmatik, zutiefst geprägt worden. So sollten zum

Beispiel die Wunder Jesus als Sohn Gottes, als Christus mit göttlicher Natur ausweisen. In dem Besonderen, dem Ungewöhnlichen, dem Nichtalltäglichen, also dem vermeintlich von außen Kommenden offenbarte sich demgemäß die göttliche Macht und Weisheit, ja die Existenz des Göttlichen selbst.

Seit über 400 Jahren, seit der Renaissance und der Aufklärung, erleben wir aber einen dramatischen Wandel unseres Weltverständnisses. Mit Beginn der Neuzeit hat man erkannt, dass die Natur und mit ihr die gesamte Schöpfung ein geschlossenes Ganzes darstellt, das nach Gesetzen geordnet ist, die Ausnahmen nicht zulassen. Philosophisch hat Immanuel Kant diesen Gedanken besonders klar ausgedrückt. Dazu kam die mechanische Physik Isaak Newtons. Beide stellten das alte Religionsverständnis in Frage. Eine weitere Folge davon war der Entwicklungsgedanke.

Heißt die Hoffnung für viele Menschen heute nicht Evolution?

Was wir heute vor uns sehen, ist kein in sich abgeschlossener Schöpfungsvorgang, wie man es sich noch im Deismus (Gott schuf die Welt, um sie sich selbst zu überlassen) vor 350 Jahren vorgestellt hatte. Heute denken wir uns das Alltägliche als in jedem Moment schöpferisch, als zur Zukunft hin offen und gestaltungsfähig, also von Gott nicht ein für allemal festgelegt. Theologisch gesprochen, sehen wir Gott und seine Welt in ständigem Dialog miteinander. Ein Brücke dieses Dialogs sollte der Mensch sein. Da ist mittlerweile zwischen dem antiken Wunderglauben und dem rationalen Mechanismus, der von der Aufklärung ausging, ein großartiges und phantasievolles Gesamtbild der Wirklichkeit entstanden, viel phantastischer, als es der magische Wunderglaube der Antike und der etwas einfallslose Mechanismus des 18. Jahrhunderts noch gesehen haben.

Der Fortschrittsgedanke ist zunächst im deutschen Idealismus, bei Hegel etwa, aufgetaucht. Vor allem seit Darwins Entdeckung von Übergangsformen bei der Entstehung der Arten kann die Natur nicht mehr rein mechanistisch, als geschlossenes System gedacht werden. Und 150 Jahre später erblicken wir Heutigen im Naturgeschehen einen offenen Prozess, der auch nicht mehr deterministisch festgelegt ist. Besonders die Synergetik, die moderne Systemtheorie und die Chaosforschung stoßen immer wieder auf neue Überraschungen. Früher hätte man an all diesen Stellen vermutlich von Wundern gesprochen. Heute spricht man von sogenannten Schmetterlingseffekten. Das heißt, unvorstellbar winzige Ursachen, wie der Flügelschlag eines Schmetterlings, können die ganze große, makrokosmische Ordnung des Alls beeinflussen.

Sie meinen also, man sollte endlich aufhören, die Wunder, das heißt die Durchbrechung der alten Naturgesetze, als Religionsbeweise zu verstehen. Religion sei vielmehr ein Auftrag, moralisch zu handeln. Was sagt die Bibel dazu?

Hierzu gibt es eine Parallele im Markusevangelium. Im sechsten Kapitel sendet Jesus die Jünger aus, das Reich Gottes zu predigen. Er gibt ihnen den Auftrag, Kranke zu heilen und Dämonen auszutreiben, also seine „Wundertätigkeiten" zu übernehmen. In demselben Kapitel findet sich eine Stelle, die daran erinnert, dass die Menschen Jesus in seinem Heimatort Nazareth nicht angenommen haben. Da man ihn gut kannte und auch seine Eltern und Geschwister, sah man überhaupt nichts Ungewöhnliches in seiner Person. In Nazareth glaubte man also, Gottes Wirken im Außergewöhnlichen suchen zu müssen. Um die Person Jesu zu verstehen, ist diese Denkweise aber offensichtlich grundfalsch. Jesus wollte nicht, dass man seine Taten als einmalig betrachtete, ihm ausschließlich vorbehalten. Er wollte vielmehr nur ein Beispiel dafür geben, was wir Gutes wirken können und also auch sollen: durch Güte, Menschlichkeit und Mitleid. Auch unser Verständnis für den Leidenden kann bis hin zu den seelischen Krankheiten hilfreich werden. Da liegt das Göttliche im Alltäglichen, in den ganz normalen menschlichen Beziehungen.

Der Begriff der Religion erscheint heute vielen Wissenschaftlern, auch Theologen, fraglich. Was verstehen Sie selbst eigentlich unter Religion?

Der Religionsbegriff ist neuerdings vor allem von protestantischer Seite wieder diskutiert worden. Der Versuch von Karl Barth, Religion mit der Suche nach Gott in allen Kulturen gleichzusetzen, kurzum mit allem Heidnischen, ist meiner Meinung nach sehr problematisch. Barth wollte den Begriff der Offenbarung ausschließlich dem Christentum vorbehalten. Damit behauptete er, dass Gott allein im Christentum mit den Menschen redet, und, wenn das wirklich so ist, dann natürlich wird mit allen bisherigen Vorstellungen von Religion gebrochen. Dabei berief sich Barth auf die Person Jesu, die er prophetisch deutete und mit der in seinen Augen ein Neuanfang der Geschichte und der Menschwerdung begonnen habe. Aus dieser Sicht war für ihn der Begriff der Religion zum Verständnis des eigentlich Christlichen ungeeignet. Nach Barths Auffassung tritt die Offenbarung von außen her an den Menschen heran und sagt ihm, was er von sich selbst her niemals finden würde: dass er ein Sünder ist. In dieser Konzeption wird aber übersehen, dass ja im Menschen immer schon eine bestimmte Voraussetzung angelegt sein muss, damit er die Offenbarung Gottes überhaupt empfangen kann. Sonst redet Gott sehr bald in den Raum einer Theologie hinein, die am Ende mehr über Gott weiß als über den Menschen. Mir scheint, dass wir gerade vom evolutiven Ansatz her das Christentum in den Kreis der anderen Religionen und der Religionsgeschichte einbeziehen sollten.

Das Christentum sollte also nicht vergessen, dass es selber auch historisch gewachsen, also bereits bei seiner Entstehung von anderen Kulturen beeinflusst worden ist?

Es zeigt sich, dass das Christentum seine Glaubenssymbole, seine Dogmen, ja seine zentralen Lehrinhalte einer langen Geschichte des Orients verdankt. Ich denke da besonders an die Königsideologie des alten Ägypten, den Auferstehungs- und Jenseitsglaubens im Reich am Nil. 2000 Jahre vor Christus gab es da bereits eine üppige Fülle sakramentaler Vorstellungen. Vieles bezog sich auf die antiken Vegetationsriten, vor allem auf die Vorstellungen der sterbenden und auferstehenden Gottheit und die Symbolik eines gemeinsamen Mahls der Gläubigen. Ich denke dabei an den Adonis-Attis-Kult, den Dionysos-Kult und den Osiris-Kult. Mir scheinen die Parallelen dieser Kulte zu zentralen christlichen Inhalten wie der Lehre der Auferstehung und der Eucharistie unübersehbar zu sein. Hinzu kommt der Gedanke der „Gottessohnschaft" des Pharao, der als Sohn einer Jungfrau zur Welt kam und nach seinem Tode zur Rechten des Sonnengottes im Himmel Platz nahm. All das wurde schon viel länger vor Christus geglaubt, als wir seitdem – nach Christus – leben.

Hinzu kommt ferner, dass wir Gott nicht nur rational denken, wie es im philosophischen Erbe der Theologie immer wieder überbetont worden ist. Es ist eine religionspsychologische Tatsache, dass die Ausdrucksformen, in denen wir Religion vermitteln, sowie die Sehnsüchte, die Gefühle, tief in die Evolution der Menschwerdung zurückreichen. Wir können sagen, dass die Mechanismen, die zu einem großen Teil unsere Gefühle regeln, schon etwa 150 Millionen Jahre alt sind. Was wir heute als Angst, Liebe, Brutpflege und Aggression bezeichnen, all das sind Handlungsimpulse, die uns über diesen ungeheuren Zeitraum, seit der Entstehung der Säugetiere, mit auf den Weg gegeben worden sind. Eine Religion, die Menschen wirklich erreichen will, muss alle diese Gefühlsbereiche und Ausdrucksformen ansprechen. Wenn Gott also zu dem Menschen spricht, übersteigt er die menschlichen Gegebenheiten nicht, das heißt, biologisch oder hirnphysiologisch oder von seiten der Verhaltensforschung ausgedrückt: Wir sind wirklich denkende Tiere. Wenn ein Gott sich solchen „offenbaren" will, sind dabei vorwiegend bestimmte Bereiche des Zwischenhirns betroffen.

Ist das Christentum für Sie nur eine Religion unter vielen anderen Religionen?

Nicht nur, aber gewiss auch; das Christentum hat jedenfalls die Pflicht, mit anderen Religionen in einen echten Dialog zu treten, schon damit es sich selbst besser begreifen kann. Kurz gesagt, es ist nicht möglich, den enormen Spielraum dessen, was die menschliche Natur enthält, nur im engen Raum einer bestimmten Kulturgeschichte mit ihrer spezifischen Religion zu verstehen. Selbst wer sagt: Jesus ist der Menschensohn oder Jesus ist die Inkarnation des Göttlichen im Menschen, meint ja damit etwas, das der ganzen Menschheit zugute kommen und daher auch von allen Kulturen verstanden werden sollte. Im 25. Kapitel des Matthäusevangeliums sagt es Jesus ja selbst: Der einzige Maßstab am Jüngsten Gericht werde in der Frage liegen, wie menschlich wir gewesen sind gegenüber den Notleidenden, also in dem, was menschlich ist. Daher müssen wir uns unbedingt mit dem universalen Reichtum an Erfahrungen und Wissen in anderen Religionen bekannt machen; handelt es sich doch um wesentliche Bereiche der gesamten Menschheitsgeschichte. Sind wir doch noch Steinzeitmenschen?

Was sagen Sie zur Feststellung der Verhaltensforschung, dass unsere Emotionalität trotz der rasanten kulturellen Entwicklung nicht über die Steinzeit hinausgekommen sei?

Solche Aussagen mögen paradox klingen, sind aber aus Sicht der Verhaltensforschung selbstverständlich. Diese Wissenschaft hat es ja mit Analogien von tierischem und menschlichem Verhalten zu tun. Der zeitliche Maßstab, der ihr zu Grunde liegt, umfasst riesige Zeiträume der Stammesgeschichte. Setzt man den Zeitpunkt, zu dem die Evolution der Säugetiere begann, auf 150 Millionen Jahre an, dann sieht man, wie unendlich groß auch der Parameter ist, der herangezogen werden muss, um die seelischen Vorgänge im Menschen zu verstehen. Allein die Steinzeit umfasst einen ungeheuren Zeitraum. Unter diesen Begriff fällt der Homo habilis vor 2,7 Millionen Jahren, der Neandertaler vor 70.000 Jahren, der Aurignac-Mensch vor 40.000 Jahren. Erst 8000 Jahre vor Christus, vor dem Abschmelzen der letzten Gletscher, hat alles angefangen, was wir heute den Beginn der Geschichte nennen: Ackerbau und Viehzucht, die Bildung von Dorfgemeinschaften, also die beginnende Einflussnahme des Menschen auf die Natur. Dadurch hat sich der Mensch der Natur auch entfremdet, und es entstand das Bedürfnis, diese Kluft durch religiöse Riten und erklärende Mythen zu überbrücken. Aber auch das ist noch bis 3000 vor Christus Neolithikum, Jungsteinzeit. In ihr wurzeln die Hauptimpulse von all dem, was wir heute Kultur und Geschichte nennen.

Eine andere wichtige Erfahrung, die man so zu deuten versuchte, war sicher auch der Tod...

Ja, das wachsende Bewusstsein, dass die Kürze des menschlichen Lebens uns als Einzelwesen fragwürdig erscheinen lässt, macht den Tod zu einer großen Herausforderung. Aus dem göttlichen Bereich suchte man daher nach Bildern, die auf diese große Herausforderung Antworten geben konnten. Diese Bilder sind bereits in der Seele des Menschen angelegt. Aber aus demselben Erbe stammen auch die Ursprünge kriegerischer Auseinandersetzungen: Man instrumentalisierte den Tod zum Töten. Man führte immer wieder Krieg für irgendwelche blutgierigen und opferheischenden Götter. So sind viele von den Grundzügen, die bis in die Gegenwart hineinreichen und unsere Kultur bestimmen, schon in Urzeiten entstanden. Die Menschen haben sich in dem relativ kurzem Zeitraum ihrer Existenz, gemessen an ihrer gesamten Entstehungsgeschichte, sicher nicht wesentlich verändert. Der heutige Menschentyp dürfte etwa 30.000 Jahre alt sein, ist also identisch mit dem Cro-Magnon-Menschen, dessen Gehirn sich seitdem nicht gewandelt hat. Man kann sagen, dass wir dieser Form des Gehirns sowohl die Höhlenmalereien von Altramira und Lascaux verdanken als auch die Starts der Raketen zum Mond und zum Mars. Biologisch gesehen gibt es da keinen großen Unterschied. Aber im kulturellen Bereich ist die Evolution natürlich mit wachsender Geschwindigkeit enorm fortgeschritten.

Ist dadurch eine Art „Ungleichzeitigkeit" von Natur und Menschheitsgeschichte entstanden?

Ja, bestimmt. Die Natur braucht, so schätzt man, 30.000 Jahre, um eine neue Art hervorzubringen. Und heute sind wir so weit, dass man von „Computergenerationen" spricht, die von Firmengiganten im harten Konkurrenzkampf in wenigen Jahren entwickelt werden.

Reinhold Schneider hat die darin liegende Gefahr wohl schon vor 50 Jahren geahnt, als er sagte: Aufgrund der Intensität und der rasenden Geschwindigkeit der Geschichte bewege sich die Menschheit zwangsläufig dicht am Rande der Apokalypse; Geschichte sei in sich selbst das Menetekel an der Wand der Welt.

Heute haben wir ja Computer-Speichergeräte, die in der Lage sind, den gesamten Erfahrungs- und Wissensschatz einer Kultur an andere Kulturen weiterzugeben. So beschleunigt sich die Menschheitsgeschichte zusehends, und es ist noch nicht abzusehen, welche Auswirkungen das für künftige Generationen haben wird. Die Gefahr besteht, dass sich das Ungleichgewicht zwischen Mensch und Natur in dramatischer Weise weiter zuspitzt.

Kann man die relativ langsamen Zyklen in der Natur und die starke Beschleunigung der menschlichen Geschichte überhaupt in eine vernünftige Relation zueinander stellen?

Da uns heute noch der nötige Abstand fehlt, fällt dies schwer. Aber im Rückblick können wir drei große Etappen benennen, die entscheidende Kulturschwellen waren. Da ist zunächst die Erfindung der Schrift um etwa 3000 vor Christus. Das war das erste Mal, dass man sozusagen ein Speicherungssystem geschaffen hat, mit dem man den Erfahrungsschatz seiner eigenen Kultur weitervermitteln konnte. Die sich ausbreitende Schriftkultur des Zweistromlandes war der mündlichen Überlieferung an Genauigkeit natürlich bei weitem überlegen.

Die zweite kulturelle Schwelle ist die Verbindung von Mathematik und genauer Naturbeobachtung. Es ist doch erstaunlich, dass diese Möglichkeit schon im vierten vorchristlichen Jahrhundert voll entwickelt war. Doch man versäumte es, sie in den Dienst sozialer Veränderungen zu stellen. So ist die frühe Naturwissenschaft im alten Griechenland zu einer Art Freizeitbeschäftigung für müßige Geister verkommen. Es ist unglaublich, wenn man bedenkt, dass Eratosthenes von Kyrene unter Benutzung älterer Quellen Gradnetze der bekannten Welt erstellt und bereits beinahe richtig den Erdumfang berechnet hat; und dass Archimedes mit mechanischen Geräten Wasser pumpen konnte. Vor allem das Christentum trägt die Schuld daran, dass all diese Entdeckungen 1500 Jahre lang vergessen, ja sogar verboten werden konnten.

Die dritte Phase ist sicher die technische Revolution des beginnenden 19. Jahrhunderts. Hier hat sich das mechanische Weltbild in die Praxis umgesetzt. Heute stehen wir mitten in einer neuen Umgestaltung durch die Computertechnik. Wir lernen zum erstenmal, in vernetzten Systemen zu denken, und begreifen, was wir täglich tun, wenn wir mit immer neuen Entscheidungen einer linearen Logik in die Natur hineinschneiden.

Welchen Einfluss hatte das naturphilosophische Denken der Griechen auf das christliche Weltbild?

Das Christentum hat den frühen Ansatz der Griechen, durch technische Erfindungen den Handlungsspielraum des Menschen zu erweitern und zu erleichtern, zu einem vorzeitigen Ende gebracht. Es hat sozusagen wieder eine Decke des Aberglaubens über die Natur gelegt. Der christliche Schöpferglaube hat die Genauigkeit der griechischen Naturbeobachtungen und die beginnende Berücksichtigung der Mathematik bei Experimenten als unwichtig eingestuft. Man meinte, es lohne sich eigentlich nicht, die Natur genauer zu

144

verstehen. Viel wichtiger sei es, Gott darum zu bitten, dass er das tue, was wir Menschen uns wünschen und uns von ihm erbeten. Schon damals geriet die griechische Naturforschung in Widerspruch zu den religiös-geistigen Grundlagen des Christentums. Als im 12. bis 13. Jahrhundert, angeregt durch die Araber, eine Renaissance der Naturwissenschaften einsetzte, verschärfte sich der Konflikt. Und dieser Widerstreit hat bis heute nicht aufgehört. Er ist zu einer Quelle endloser geistiger und seelischer Zerrissenheit geworden und hat die christlich-atheistischen Auseinandersetzungen auf den Plan gerufen. Noch heute leiden ganze Generationen von Jugendlichen an dieser Kluft, denn ihnen bleibt angesichts des kirchlichen Fundamentalismus und Dogmatismus wohl nur die Wahl zwischen Aberglauben und Unglauben. So bleibt ihnen der Glaube verschlossen und damit allzu oft auch der Sinn ihres Lebens.

Synthese zwischen Mystik und Aufklärung

Sie wollen die Innigkeit der mittelalterlichen Mystik mit den intellektuellen Kräften, die von der Aufklärung ausgegangen sind, in eine Synthese bringen. Ist das überhaupt möglich?

Ich glaube schon. Wir sollten es zumindest versuchen. Nach einer langen Entwicklung der Bibelauslegung seit den Tagen Spinozas, Raimarus' und Lessings bis hin zu Bultmann und Dibelius haben wir feststellen müssen, dass die Bibel an gerade den religiös wichtigen Stellen keine historisch relevanten Aussagen macht. Wir sehen nämlich, dass das Neue Testament an den entscheidenden Stellen, wie der Geburtsgeschichte Jesu, der Ostererzählung, im Bericht über die Pfingstereignisse in Bildern redet. Das gilt auch für so wichtige Stellen im Alten Testament wie den Auszug aus

Ägypten oder die Verkündigung der Zehn Gebote. Hierzu gibt es zudem viele Analogien in anderen Religionen, das heißt, diese Geschichten sind, religionspsychologisch gesehen, tief im Menschen verankert und keineswegs „neu". Seit dem 2. Jahrhundert nach Christus bis zum heutigen Tag hat man, wie ich schon sagte, das Göttliche mit dem Ungewöhnlichen, dem Wunderbaren verbunden. Gleichzeitig wurde die These aufgestellt, dass sich das Christentum von anderen Religionen durch seine Geschichtlichkeit unterscheide. Durch die Bibelforschung sind diese beiden wichtigen Fundamente des Christentums immer mehr erschüttert worden. Die Feststellungen der historisch-kritischen Methode haben dazu geführt, dass wir die Bibel heute anders lesen. Ich sage mir, es ist in unserer Gegenwart keine Religion mehr glaubhaft, die den Menschen zur Rückkehr zu Magie und Aberglauben nötigt. Die Einsichten, die der moderne Mensch aus der Bibellektüre gewinnt, verwickeln sich sonst in Widerspruch. Wir wissen auch theologisch, dass Gott niemals ein Teil der Natur sein kann. Er ist allenfalls ihr Träger, ihr Hintergrund, ihre innere Kraft zur Selbstgestaltung. Wenn man die „Innenseite" des Religiösen als Sehnsucht begreift, dann lässt sich der Bilderreichtum der Phantasie sehr gut mit der Rationalität verbinden, die gewissermaßen die „Außenseite" der Welt, das heißt die Erfassung der nackten Tatsachen, darstellt. Auf diese Weise könnte die wichtige Aufgabe gelingen, Denken und Gefühl, Rationalität und Mystik, Aufklärung und Frömmigkeit in eine spannungsvolle Einheit zu bringen.

Dabei muss man also zunächst darauf verzichten, Gott beweisbar und „dingfest" zu machen?

Ja, aber diese Neigung ist gegenwärtig sowohl im Katholizismus als auch im Fundamentalismus des protestantischen

Raumes weit verbreitet. Viele Gläubige fühlen sich in der modernen, unübersichtlicher gewordenen Welt verunsichert; sie fühlen den Sinn ihres Lebens in Frage gestellt. Einerseits führt das zu einem Schwund der Gläubigen innerhalb der beiden Konfessionen, andererseits zu einer rückwärtsgewandten Bewegung, die das Mysterium Gott wieder an gegenständliche Erfahrungsbereiche binden möchte.

Auf der griechischen Insel Patmos kriechen Pilger auf allen vieren – mitten durch den regen Autoverkehr hindurch – zur Kirche der „Erscheinung des Engels", weil sie ihre Gelübde erfüllen wollen. Heißt das nicht, dass es auch heute noch eine unerschütterliche Volksfrömmigkeit gibt, die von den neuesten theologischen Auseinandersetzungen unbeeinflusst bleibt?

Ja, da haben Sie recht. Man darf nicht unterschätzen, wie bei den einfachen Leuten die religiösen Erwartungen – vielleicht sogar seit der Zeit Jesu – unverändert geblieben sind. Wenn sich diese Menschen in tiefer Not befinden, aus der heraus sich mit dem Verstand kein Ausweg finden lässt, flehen sie nach wie vor höhere Mächte um ein Wunder an. Auch das ist ein Stück Ungleichzeitigkeit des Bewusstseins zwischen Steinzeit und Moderne.

Die rückständige Denkweise der Kirche

In unserer Konsumgesellschaft nimmt der Einfluss der christlichen Kirchen ständig ab. Dagegen wimmelt es von Sekten, Sondergruppen und Weltanschauungen, die sich zum Teil schädlich auf den Menschen auswirken können. Wie kann man sich am Ende des zwanzigsten Jahrhunderts noch in diesem „geistigen Chaos" zurechtfinden?

147

Wir stehen offenbar im Moment in einer Krise des religiösen Bewusstseins, aus der heraus Neues sich formieren wird; aber dieses Neue lässt sich bestimmt nicht programmieren, nicht für die Zukunft aus der Tradition heraus festschreiben. Wir werden abwarten müssen. Die Vielzahl der Sekten zeigt offenbar, dass es den Großkirchen nicht mehr gelingt, mit ihren überkommenen Antworten die Zukunft zu gestalten. Ich für meinen Teil glaube auch im Bereich der Religionsgeschichte an die selbstheilenden und sich selbst organisierenden Kräfte der Evolution und halte wenig von Zwang, Zentralismus und autoritären Entscheidungen.

Wenn man zum Beispiel von katholischer Seite versucht, größere Menschengruppen anzusprechen, als Schriftsteller, als Vortragender oder als Theologe, gerät man, wenn man ein neues, ein wirklich ergreifendes Wort zu sagen wagt, heute augenblicklich von seiten des unfehlbaren Lehramts der Bischöfe und ihrer Zionswächter in den Verdacht, nicht mehr katholisch zu sein. Die Messlatte wird sein: Ist dieses Wort identisch mit der Sprache des fünften, sechsten Jahrhunderts nach Christus, wie sie bei den Konzilien damals festgelegt wurde oder nicht? Doch das Problem ist ganz einfach: Die Sprache von vor 1500 Jahren mag heilig, ehrwürdig und mythengesättigt sein, sie mag durch noch soviel Tradition und Autorität abgesegnet sein, aber sie lässt sich heute nicht mehr weitergeben!

Der Theologie sollte es darum gehen, ob sie einen Beitrag zu den heutigen Überlebensfragen leisten kann oder nicht. Die dringlichste Frage sollte daher lauten: Wie können wir das Jahr 2010 gewinnen, wenn wir keine tropischen Regenwälder mehr haben, aber dafür 8,5 Milliarden Menschen, von denen 6 Milliarden wahrscheinlich am Hungertuch nagen?

Die Theologie sollte sich also um eine neue Sprache bemühen, eine, die von den Leuten auch wirklich verstanden wird?

Ja, denn viele Eltern erleben, dass sie mit der Sprache, wie sie im Katechismus vorgeschrieben wird, nicht mehr ihre eigenen Empfindungen ausdrücken können: woran sie glauben, worauf sie hoffen, welchen Trost sie in den Stunden der Verzweiflung ersehnen. Sie empfinden also die Sprache, die von den Pfarrern in der Kirche geredet wird, als langweilig und erfahren, dass man schon die Zwölfjährigen nur mehr mit erzieherischer Gewalt in die Kirche treiben kann. Und so stehen die meisten Eltern vor der Alternative, ob sie Gott mit Zwang verkünden oder ob sie darauf vertrauen sollen, dass Gott von selbst in den Herzen ihrer Kinder redet. Dabei ist ihnen allerdings klar, dass die Kinder von allein den Zugang zur Kirche nicht mehr finden werden. Von dieser schmerzlichen Erfahrung werden immer mehr Menschen betroffen. Dadurch entsteht in unserer Gesellschaft ein Generationenbruch in der religiösen Sozialisation, der Einordnung des Einzelnen in die Gesellschaft.

Statistisch drückt sich das so aus, dass im Verlauf der letzten fünfzehn Jahre in Deutschland 50 Prozent Menschen weniger am Sonntag zur Kirche gehen, 150.000 sind im letzten Jahr allein in Nordrhein-Westfalen aus der katholischen Kirche ausgetreten. Die heutigen Besucher der Sonntagsmesse setzen sich zu drei Viertel aus Menschen über fünfzig Jahren zusammen. Es ist abzusehen, dass im Verlauf der nächsten drei Jahrzehnte dieser Anteil der religiösen Bevölkerung wie der Schnee unter der Sonne zusammenschmelzen wird. Wir müssten mindestens den Mut haben, eine neue Sprache zuzulassen, die das Alte in einer heute verständlichen Weise ausdrückt. Statt dessen aber geht die Suche vieler Gläubiger angesichts der jahrhundertlangen Verweigerung wirklicher Reformen über die Kirche hinweg. Sie schließen sich dann oft dem Aberglauben gefährlicher Gruppierungen und Sekten an, die geschickt mit der Angst der Menschen spielen und sie so abhängig machen.

Sie haben erklärt, dass die Aussage: „Jesus ist der Messias und der Sohn Gottes" von dem modernen Menschen kaum mehr verstanden wird...

Beide Begriffe sind nur verständlich auf dem Hintergrund der Königstheologie des alten Orient. Wer heute vom Messias redet, spricht von einem König und benutzt also einen politischen Begriff, zu dem wir in den heutigen Demokratien kaum mehr einen Bezug finden.

Bereits 1914 hat Heinrich Mann in seinem „Untertan" geschrieben, dass wir Könige in der politischen Kultur Europas eigentlich nicht mehr zulassen: Sie kämen einzig noch in den Märchen vor. Mit dieser Bemerkung hatte er bereits vor Ausbruch des Ersten Weltkriegs recht. Er wollte damit sagen, der Begriff „König" sei ganz und gar romantisch geworden, man könne ihn nur noch im Reich der Träume verstehen. Dort, gewiss, besitzt ein König die Macht, im Raum der Liebe aus einer armen Müllerstochter eine Prinzessin und eine Königin zu machen.

Aber hat nicht Jesus etwas Ähnliches gewollt?

Ja. Das Königreich, das Jesus zu bringen kam, war ein Reich der Liebe, in dem die Ärmsten sich mit ihrer eigenen Würde aufrichten konnten, mit ihrer eigenen Größe und Schönheit. Es lässt sich in der Menschheitsgeschichte kaum eine andere Gestalt denken, die weniger königlich im politischen Sinn sein wollte als der Mann aus Nazareth. Wer das begreifen will, muss, wenn er von „Gottessohnschaft" spricht, zunächst den Kindern diesen Begriff völlig neu deuten. Warum sollte es also nicht möglich sein, in einer viel einfacheren Sprache von Jesus zu reden? Außerdem würde man sich damit an das Gebot halten, welches Jesus selbst im 8. Kapitel des Markusevangeliums ausspricht: Er verbietet ja dem

Petrus ausdrücklich, ihn Christus zu nennen. Auch bei der Lehre von der Trinität wissen heute sehr viele Christen kaum mehr, was mit diesem Begriff gemeint ist. Ja, sogar viele Theologen haben ihre Schwierigkeit mit der Aussage, dass in der Gottheit drei Personen eines Wesens vereint seien. Und im Dialog mit anderen Religionen lässt sich dieser Glaubenssatz noch weniger verständlich machen. Man muss sogar so weit gehen und sagen, nicht einmal der Jude Jesus selbst hätte verstanden, was wir da meinen. Ich dächte, gerade er hätte darauf einen Anspruch. Jesus hätte ja die Fragen, um die es seit 2000 Jahren geht, derentwegen immer neue Ketzer gemacht werden, weder auf Hebräisch noch auf Aramäisch überhaupt formulieren können, sie sind in der Sprachlogik des Semitischen überhaupt nicht zu stellen. In der Christologie, im Zentrum der Theologie also, brauchen wir eine Sprache, die die völlig neuen Erfahrungen ernst nimmt und die von den heutigen Menschen auch verstanden wird, indem sie sich zugleich zu ihrem eigenen Ursprung zurückwendet – eine wirkliche Reform.

Und diese Erfahrungen haben sich gerade in unserer anonymen Massengesellschaft grundlegend verändert. Besteht in dieser Form des Zusammenlebens nicht die größte Gefahr darin, dass der Einzelne seine Selbstständigkeit verliert? Wie können die Menschen da eine neue innere Orientierung finden?

Ich glaube, dass in Ihrer Frage etwas Entscheidendes liegt, weil sie auf eine große Gefahr hinweist. Wir beobachten eine merkwürdige doppelgleisige Entwicklung in unserer modernen Gesellschaft. Auf der einen Seite tragen die Bevölkerungszunahme und die Zusammenballung von vielen Millionen Menschen in den Großstädten zu einer starken Vermassung bei. Da erlebt sich der Einzelne als völlig unwesentlich, austauschbar und als nicht gemeint. So gilt es in

151

den öffentlichen Verkehrsmitteln zumeist als unhöflich, den Nachbarn anzusprechen. Man beginnt kein Gespräch und sitzt stumm nebeneinander. Die physische Anwesenheit des anderen wird als eine kaum ertragbare Zumutung empfunden, die man eben aushalten muss, um zur nächsten Station zu gelangen.

Doch auf der anderen Seite ist man durch den großen kollektiven Druck gezwungen, auch ein Stück zielbewusster zu leben. Nur durch eine immer entschlossenere Individualisierung können wir der Vermassung überhaupt standhalten. Und gerade zwischen diesen beiden Erfahrungen: der Anonymität und der individuellen Herausforderung, spukt eine Menge möglicher Ängste herum.

So ist es auch mit den Fernsehprogrammen. Man setzt sich abends vor den Apparat und empfängt parallel mit 15 oder 20 Millionen anderen Menschen dasselbe Programm. Sie alle sind sozusagen an eine riesige „Gehirnwäsche" angeschlossen, die ihnen dieselben Bilder, Gefühle, Inhalte, ja Anschauungen über ihr eigenes Leben vermittelt. All dies kommt, wie gesagt, aus der gleichen Röhre, zur gleichen Sendezeit, richtet sich an die gleichen Lebensgewohnheiten. Gleichzeitig hat sich mit der Fülle des Angebotes aber auch die Auswahlmöglichkeit gewaltig vergrößert. Vermassung und Individualisierung fördern sich paradoxerweise gegenseitig.

Soll das heißen, dass mit der Vermassung auch die Bedeutung des Individuellen wächst?

Ja, denn dieselbe Gesellschaft, die anonym jedem alles bietet, verlangt auch eine immer deutlichere Auswahl dessen, was der einzelne glaubt, für sein Leben zu brauchen. So ist es heute in öffentlichen Bibliotheken möglich, Bücher und Zeitungen ganz nach den eigenen Vorlieben auszuwählen.

152

Was dort angeboten wird, schafft eine Art selbstgewähltes Spezialistentum. Die sogenannte Massengesellschaft bietet also auch eine Fülle von Möglichkeiten, Wissen auf jedem beliebigen Gebiet zu vermehren. Dieser Differenzierungsprozess beginnt heute bereits in der Schule. Schon Vierzehnjährige können sich auf ganz eigenständige Weise spezialisieren und werden gerade dadurch in der Gesellschaft später einmalig und unersetzlich. Da sind Ausdruckmöglichkeiten, in denen man sein Leben den anderen gestalterisch mitteilen möchte. Daher scheint mir der Reifungsprozess im Leben des modernen Menschen nicht schwächer zu werden, sondern im Gegenteil durch die neuen Herausforderungen eher weiter voranzuschreiten – er dauert inzwischen ja auch schon in aller Regel bis zum 27. Lebensjahr. Im Moment sind wir einem furchtbaren oder fruchtbaren Druck ausgesetzt, anspruchsvoller zu leben; damit meine ich: verantwortlicher, überlegter, bewusster, gebildeter und kultivierter, aber auch nervöser, unruhiger und flackernder.

Kirche, Gewissen und Psychologie

Was Sie da ansprechen, setzt besonders eine Reifung des Gewissens voraus. Woran aber kann sich beim heutigen Werterelativismus das Gewissen überhaupt noch ausrichten?

Die Welt ist so kompliziert geworden, dass Standardantworten nicht mehr genügen. Zugleich aber bedeutet es eine Katastrophe, wenn sich die verunsicherten Massen um Führergestalten zusammenrotten und ihnen blind vertrauen. Wir haben, glaube ich, die utopische Vorstellung verloren, dass es Einzelnen gelingen könnte, Weltantworten für die Zukunft zu geben. Der Marxismus ist ja gerade zusammengebrochen, von dem man meinte, er würde die Vernunft und Logik der Geschichte kennen. Nach dieser These sollten die marxistischen politischen Ziele sogar mit Gewalt erzwungen werden können. Heute müssen wir mehr denn je Verantwortung als Individuen in unserer eigenen Umgebung tragen. Der Werterelativismus scheint mir eine Folge unserer differenzierten und unübersichtlichen Welt zu sein.

Werterelativismus kann aber auch Beliebigkeit oder sogar reine Willkür bedeuten…

Ja, aber man kann das nicht mit immer neuen Gesetzesverordnungen steuern. Nehmen wir als Beispiel die gegenwärtige Diskussion um die Abtreibung. Man meint, das menschliche Leben würde seiner Einmaligkeit beraubt, beliebig und gleichgültig. Man fordert klar formulierte Gesetze und Strafverordnungen, um diese Unsicherheit auszuschließen. Aber dieser Weg ist politisch kaum mehr durchsetzbar. Der kirchlichen Haltung liegt die Vorstellung zugrunde, die Menschen seien von sich aus verantwortungslos und müssten durch Gesetze an die Kandare genommen werden. Ich meine, man tut den Menschen unrecht, wenn man sie so einschätzt. Denn eine Ethik der Verantwortung sollte dem Menschen einen größeren Spielraum für seine Entscheidungen geben und ihn nicht auf die Durchsetzbarkeit schon entschiedener Lösungen festlegen. Und es liegt ja gerade an der Religion, Freiräume für den Menschen zu schaffen, in denen er sich zu einem Wesen entwickeln kann, das in Eigenverantwortung entscheidet, einen Raum, in dem der Mensch voraussetzungslos angenommen wird. Oft bedeutet der Verlust des Religiösen, dass plötzlich viele Ängste aufbrechen.

C. G. Jung hat ja bereits gesagt, mit dem Niedergang des Religiö-
sen würden die Neurosen zunehmen.

Da scheint Jung etwas Richtiges gesehen zu haben. Immer
wieder wird man ja als Einzelwesen mit den großen Fragen
konfrontiert, wie: Wofür lebe ich? Wie gehe ich mit der
Schuld um, die ich immer von neuem auf mich lade? Wie
werde ich mit einer unübersichtlichen Zukunft fertig? Was
wird aus mir angesichts der ständigen Gefährdung meiner
irdischen Existenz durch den Tod? Was wird aus dem Vertrauen, das ich anderen schenke, meiner Zuneigung meiner
Liebe – wird man sie missbrauchen? An jeder Stelle einer
persönlichen Hingabe sind Scheitern, Niederlagen, Tragödien und Unglücke möglich, sie gehören zum Risiko des
Lebens. Bei all diesen Existenzfragen sind wir auf Antworten angewiesen, die unsere irdischen Erfahrungen über-
schreiten, kurzum, auf den Bereich der Religion.
Bricht nämlich die Sphäre des Religiösen zusammen, wird
das Leben auf die Ebene des Verwaltbaren beschränkt.
Schmerzlich erfährt sich der Mensch dann als planbares und
manipulierbares kleines Rädchen in einem großen Getrie-
be. Dabei wird die menschliche Würde beiseite geschoben.
Ich meine, dass die religiöse Bedürftigkeit durch die mangelnde öffentliche Kompetenz noch zunimmt. Menschen
dürstet es nach Antworten, aber die überlieferten Formen
der Religion sind krank und schwach geworden, sie ver-
mögen nicht mehr zu überzeugen. Sie klammern sich oft an
ihren Traditionalismus, von dem sie glauben, er sei für alle
Zeiten festgeschrieben. So legen sie sich selbst die Fesseln
an, die jede Neugestaltung verhindern.
Doch die religiöse Sehnsucht ist heute stärker als in jenen
Tagen, da man im scheinbar so sicheren Raum einer Volks-
kirche unangefochten seine Frömmigkeit leben konnte. Ich
will damit auch sagen, die Menschen haben bestimmt nicht

aufgehört fromm zu sein, nur weil sie heute kaum mehr zur Kirche gehen. Sie sind auch keineswegs zynischer geworden, wenn sie sich nicht mehr an die ethischen Anweisungen der Theologen halten. Und auch nicht unfromm, nur weil sie keine langen Litaneien mehr herunterbeten. Aber sie sind verletzlicher geworden, ihre Existenz ist abenteuerlicher, freiheitsliebender und persönlicher. Bestimmt sind wir der Lage des Hiob dadurch näher als früher – und manchmal denke ich, auch der des Jesus am Ölberg.

Eugen Drewermann wird stets mit der Tiefenpsychologie in Zusammenhang gebracht. Sie wollen jedoch nicht bei der Tiefenpsychologie in ihrer heutigen Form stehen bleiben, sondern, wie Sie einmal gesagt haben, diese Disziplin auflösen: in ein erweitertes kombiniertes Erkenntnisinstrument aus Systemtheorie, Hirnphysiologie, Kommunikationstheorie, Verhaltensforschung und Kulturanthropologie. Was hat man sich darunter vorzustellen?

Ich bin dankbar, dass Sie danach fragen, weil ich in der Medienlandschaft zu einseitig entweder als Kirchenkritiker oder als Tiefenpsychologe bekannt geworden bin. Was Sie da ansprechen, ist natürlich ein sehr weites Spektrum.
Grundsätzlich glaube ich, dass die Tiefenpsychologie bald ihren Auftrag erfüllt haben wird, wenn das Sprechen vom Unbewussten konkreter und der Gegenstand erforschbarer geworden sind. Dies geschieht bereits im Rahmen der Evolutionstheorie; auch die Verhaltensforschung und die Hirnphysiologie werden hinzugezogen. Es geht darum herauszufinden, welche biochemischen Prozesse im Zwischenhirn ablaufen, um affektive Steuerungsprogramme wie Angst und Glücksempfinden verstehen zu können. Wir müssen herausfinden, auf welche Weise unser Großhirn die Welt widerspiegelt und unsere Wahrnehmung steuert. Dabei liegt es auf der Hand, dass wir mit dem alten Maschinenmodell we-

der zur Erklärung der menschlichen Körpertätigkeiten noch der Intelligenz kommen werden. Auch das Computermodell wird dabei nur teilweise Dienste leisten können, obwohl die Fortschritte im Aufbau künstlicher Intelligenz mit Hilfe neuronaler Schaltmuster beeindruckend sind. Wir lernen, dass Intelligenz weniger das Speichern von Daten ist als die Fähigkeit, aus Fehlern offen zu lernen.

Geht es hier um einen Neuentwurf, wie das Verhältnis von Materie und Geist definiert werden soll?

Was wir heute Synergetik oder Systemtheorie nennen, ist ein ganz guter Versuch, das Verhältnis von Materie und Geist zu erforschen. In der klassischen Metaphysik des christlichen Abendlandes wurden ja sowohl Materie und Geist als auch Seele und Körper als Gegensatz aufgefasst. Wo das eine war, konnte das andere nicht sein. Die Problemstellung lag in der Frage nach dem Zusammenhang dieser beiden Pole, auf denen das Leben beruht. Heute haben wir erkannt, dass die Materie selber imstande ist, sich zu organisieren, in Prozessen, die sich mathematisch in analogen Gleichungen beschreiben lassen. Das gleiche gilt auch für die Lebensprozesse im allgemeinen. Man kann sagen, die Dynamik, die sich bei der Gestaltung einer Wolkenbildung entwickelt oder beim Laserlicht, unterscheidet sich nicht wesentlich von den Prozessen im sozialen Bereich. Ähnliches gilt für die Zellenverbände. Und das führt zu dem Glauben, dass es in der Tat einen „Einlinienstrom" gibt, der zwölf Milliarden Jahre alt ist, so alt wie das Weltall, und der all das hervorgebracht hat, was wir im Mikroskop und im Teleskop sehen können.

Sie wollen also das Bild vom Menschen neu „zusammensetzen"?

Ja, wir müssen die vielen Schichten mit berücksichtigen, die menschliches Dasein umgreifen. Es zeigt sich ja heute immer mehr, wie die Natur uns umgibt und an jeder Stelle unser Leben mitbestimmt. Daher müssen wir die alte Vorstellung aufgeben, der Mensch könne sich isoliert von der Natur denken. In Wahrheit verhält es sich umgekehrt: Um die Logik der Geschichte zu begreifen, müssen wir die Naturvorgänge genau studieren. Andererseits haben unsere geschichtlichen Handlungen einen großen Einfluss auf die Natur. Beides gilt.

Also sehen wir, dass die Dialektik des deutschen Idealismus vom frühen 19. Jahrhundert heute in neuem Gewande daherkommt. Sie ist sozusagen mathematisch und experimentell nachprüfbar geworden. Der deutsche Idealismus hat richtig geahnt, dass es zwischen Geist und Materie, zwischen Mensch und Natur, zwischen „Gott" und Schöpfung einen engen Zusammenhang gibt. Heute ist dies für uns keine Spekulation mehr, sondern gehört zum gesicherten Wissen, wenngleich man natürlich völlig neu darüber diskutieren muss, was „Gott" in der Sprache der Religion bedeutet.

In der Tiefenpsychologie haben Sie sich vor allem mit der Angstthematik befasst. Wird sich auch in diesem Bereich die Tiefenpsychologie verändern?

Zunächst glaube ich, dass man sich den Tiefenschichten der menschlichen Psyche, besonders der Angst, nicht nähern kann, ohne bildlich gesprochen „an einem Leitseil der Vernunft" festzuhalten. Ähnlich verhält es sich bei der Erforschung der Tiefsee, die ohne ein sorgfältig eingestelltes Atemaggregat mit einem Druckausgleichsystem unmöglich wäre. Konkret gesprochen: Man kann die Tiefenpsychologie – weil sie so riskant ist wie der Abstieg in die Tiefsee – nur betreiben, wenn man einen Vertrauenshorizont hat, der das persönliche Schicksal eines Menschen weit übersteigt.

Davon bin ich überzeugt. Ich habe das Thema Angst immer im Sinne einer „Fahrstuhllogik" diskutiert, die von der Psychologie der Angst hinüberführt in die Tiefenpsychologie und dann zur Existenzphilosophie. Alle drei Methoden sind dabei, sich aufzulösen in die größeren vernetzten Strukturen der Anthropologie hinein. Es geht also um die Angst, die wir als Tiere, als Kinder und als bewusste Erwachsene haben.

Was Sie da sagen, klingt etwas hypothetisch. Die Tiefenpsychologie hat es vor allem mit konkreten menschlichen Problemen zu tun. Wichtig erscheint mir dabei nach wie vor die Frage: Nach welchen Kriterien können überhaupt noch ethische Normen aufgestellt werden? Die Verhaltensforschung geht davon aus, dass „ethische Normen durch ein Sollmuster entwickelt werden und ein normgerechtes Verhalten durch die Endorphinausschüttung im Gehirn bewirkt wird"…

Wir müssen begreifen, dass wir von vielen Normen leben, die es strikt einzuhalten gilt, obwohl sie veränderbar sind. Die Menschen sind darauf angelegt, schon aus dem Erbe der Tierreihe, sich an bestimmte Umgangsnormen zu halten. Ein Großteil dieser Normen hat sich über gewaltige Zeiträume hin, in manchen Fällen seit der Entstehung des Lebens, bewährt. So gibt es Territorialverteidigung auch schon bei den Fischen und den Reptilien, das überspannt einen Zeitraum von 350 bis 450 Millionen Jahren. Dann die Norm, für den Schutz der eigenen Brut zu sorgen, dies findet sich bereits vorbereitet bei den Lurchen. Aus allen diesen Strategien des Lebens sind Muster erwachsen, die ein soziales Zusammenleben unter Artgenossen regeln. Natürlich gibt es zur Wahrnehmung dieser Verhaltensweisen im Körper hormonell bedingte Steuermechanismen, die in uns Bereitschaften bewirken oder uns sogar Befehle erteilen können. Aber wir dürfen nicht aus den Augen verlieren, dass wir als Menschen über diese Handlungsimpulse mit einem sehr differenzierten Geflecht von Geschichte und Kultur verwoben sind. Mir scheint, dass wirkliche Kultur darin besteht, dem Fremden mit Neugier zu begegnen, und mit der Fähigkeit einhergeht, das Eigene zu relativieren und in seinen Bedingtheiten zu durchschauen.

Schließen Sie in dieses „Erbe der Evolution" auch die Zehn Gebote als Richtschnur mit ein?

Wolfgang Wickler hat versucht zu zeigen, dass sich aus dem Dekalog die Gebote vier bis zehn ziemlich genau von der Biologie her verstehen lassen: die Eltern zu achten, fremdes Eigentum zu respektieren, vor allem nicht räuberisch in ein fremdes Revier einzudringen, nicht sinnlos Artgenossen zu töten – all das ist bereits Moralkodex bei den Tieren. In bestimmten Formen gilt das auch für das Gebot, die Wahrheit zu sagen, obwohl dies vermutlich die einzige Norm ist, die von der Natur ständig auf die phantasievollste Weise gebrochen wird. Ich denke an die unglaublichen Formen von Mimikry. Hier hat die Natur die Lüge im Dienste der Evolution geradezu „meisterlich" gehandhabt.

Alle sozial zusammenlebenden Tiere haben indessen ihre Normen. Zusätzlich gibt es aus der sozialpsychologischen Sicht noch Spielregeln, die den aus der Biologie stammenden Bestand übersteigen und das Leben einer bestimmten Gruppe regeln. In jeder Gruppe von ein paar Leuten wird sehr bald eine Hierarchie entstehen, die darüber bestimmt, wer der Führer der Gruppe ist; wer seine Mitarbeiter und Berater, wer seine ausführenden Organe. Schnell bilden sich „Omegas" heraus, an denen sich die Gruppenaggressivität entlädt. Auch wird ein bestimmtes Stereotyp entstehen, wie die Gruppe sich selbst, wie sie eine Nachbargruppe sieht.

160

Das verläuft meistens so, dass innerhalb verschiedener Gruppen die Neigung herrscht, eigene Anschauungen und Normen als besser einzustufen als die der Nachbargruppe. Das kann leicht dazu führen, dass der eigene Standpunkt verabsolutiert wird. Auf der anderen Seite verändern sich Gruppennormen aber auch durch die geschichtliche Entwicklung.

Könnten Sie das an einem Beispiel verdeutlichen?

Besonders eindrücklich lässt sich das an den heute heftig diskutierten Fragen, die das Zusammenleben von Mann und Frau betreffen, darstellen. Früher hat die Rollendifferenzierung – der Mann geht auf die Jagd und führt Krieg, die Frau kümmert sich um die Kinder und die Ernährung – zu einer bestimmten Lebensstrategie gehört. Daraus entwickelt hat sich die unterschiedliche Körperform von Mann und Frau, ja sogar eine unterschiedliche Weise der Wahrnehmung und der psychischen Verarbeitung. Männer erfassen eher geometrische Gestalten und rechnerische Zusammenhänge, Frauen leichter sprachliche Strukturen; dies scheinen Jahrtausende alte Differenzierungen zu sein.
Nun hat sich die gesellschaftliche Rollenteilung zwischen Mann und Frau spätestens in den letzten hundert Jahren drastisch verändert. Heute können so ziemlich alle Vorgänge am Arbeitsplatz fast unterschiedslos von Männern oder Frauen ausgeführt werden. Die Schwierigkeit ist nun, dass zwei offenbar verschiedene Normen miteinander konkurrieren und nach Ausgleich suchen. Das Ideal der Gleichberechtigung braucht eine neue Ausdrucksform und ist noch wenig verwirklicht, gemessen an den gewaltigen Zeiträumen, in denen sich die Dominanz der Männer behauptet hat. Die Männer waren die körperlich stärkeren, die um einen Kopf größeren. Kurzum, sie wussten, wo es lang geht

und welche Ziele man wählt. Dieses Erbe einer pragmatischen Dominanz der Männer in allen äußeren Entscheidungen von Familie und Gesellschaft ist, Gott sei Dank, dabei, sich aufzulösen. Die ethischen Konsequenzen dieser Tatsache für das Zusammenleben der Geschlechter sind noch gar nicht abzusehen.

Kann sich das Verhältnis von Mann und Frau in einem solch kurzen Zeitraum, gemessen an der Menschheitsgeschichte, wirklich so grundlegend verändern?

Auch hier gibt es eine Ungleichzeitigkeit, eine unterschiedliche Dynamik des Faktors Zeit zwischen der Natur und der menschlichen Geschichte. Dieser Unterschied wächst ständig und bringt eine Reihe von Gefahren mit sich. Ein Problem liegt darin, dass wir die Richtung, in der sich die Evolution bewegt, gar nicht kennen und sie bestimmt nicht verändern können. Wir werden uns weder gegen das Leben noch gegen die grundlegenden Prozesse, die das Leben bedingen, entscheiden können. Wir sind ja gerade erst dabei, sie annäherungsweise zu erahnen. Dabei muss den großen Antriebskräften wie der Sexualität und der Aggression auf jeden Fall Rechnung getragen werden. Wir können mit unserem Erbe vernünftig umgehen. Und ich hege die Hoffnung, dass die Geschwindigkeit der Geschichte auch die Kultivierung und Zivilisierung des menschlichen Lebens vorantreiben wird.

Besonders habe ich die Hoffnung nicht aufgegeben, dass wir vor allem in der Liebe lernen können, dass Sexualität auch etwas Wunderbares sein kann, wenn sie nicht nur der Reproduktion der Art, der Aufzucht möglichst vieler Kinder dient, sondern auch ein zweckfreier Ausdruck der Liebe zwischen Mann und Frau ist. Immer noch schämen wir uns dieser „tierischen Natur" in uns, statt sie wirklich zu integrie-

162

ren. Es fehlt die Sprachfähigkeit und Sensibilität, wirklich die Seele eines Menschen anzusprechen, ehe wir seinen Körper berühren. Um die Zukunft zu gewinnen, müssen wir einen neuen Umgang mit uns selbst, mit der menschlichen Natur und mit dem Menschen, mit dem Mann oder der Frau an unserer Seite, erlernen. Doch ich bin optimistisch, dass wir ihn finden werden.

Unsere Zukunft wird aber doch weitgehend davon abhängen, wie wir mit der Natur um uns herum umgehen. Sind Sie da auch so zuversichtlich?

Nein, leider nicht – da bin ich sehr skeptisch, fast fatalistisch. Wenn man sich nicht viel an Hoffnung oder Utopie einredet, scheint mir der unterschiedliche Entwicklungsprozess zwischen der Natur und dem Menschen derzeit unumkehrbar auf die Ausrottung von ungezählten Pflanzen- und Tierarten hinauszulaufen. Wir müssen nur bedenken, dass gerade jetzt, während wir uns unterhalten, in jeder Sekunde 2000 Quadratmeter tropischen Regenwaldes zerstört werden. Da braucht es keine zwanzig Jahre, und es gibt überhaupt keine tropischen Regenwälder mehr. Gleichzeitig wird sich die Menschheit bis zum Jahr 2050 auf über zehn Milliarden vermehren, wie ein Hyperbel-Ast, der ständig schneller ansteigt. Damit kommen wir nicht zurecht. Denn wir stehen unter einem enormen Entscheidungsdruck, geben immer neue Technologien in Auftrag. So zerschneiden wir komplexe Lebenszusammenhänge, ohne uns über die Konsequenzen auch nur annähernd klar zu sein.
In jedem Stadtrat sitzt heute ein Haufen netter Leute beisammen, die darüber befinden müssen, ob die nächste Autobahn gebaut werden soll oder nicht. Meistens wird sie dann auch gebaut, man denkt an die Belebung der Konjunktur, an den nächsten industriellen Standort. Selbst vor lebens-

notwendigen Feuchtgebieten macht man dann nicht mehr halt, als ob man die Natur hin und her schieben und unsere Lebensquellen in so grober Weise einfach verplanen könnte.

Sehen Sie denn keine Alternative zwischen einer fortschreitenden Zerstörung der Umwelt und einem radikalen Verzicht auf die Technik?

Wir können uns nicht auf die „Hinterbeine" stellen und den sofortigen Stillstand aller umweltschädlichen Technologien fordern, obwohl dieser Welt nichts Besseres geschehen könnte. Wir richten jeden Tag, trotz besten Willens, Riesenschäden an. Geht das so weiter, kommt es zu einer völligen Lähmung des Lebens auf diesem Planeten. Wenn der Mensch in den nächsten hundert Jahren so weitermacht, wird sich neben ihm nichts anderes mehr entwickeln können. Wir haben es so weit gebracht, dass für die 30.000 Jahre, die neue Lebensarten zur Entwicklung brauchen, die Zeit fehlt.

Als Beispiel: 30.000 Jahre sind gerade etwas mehr als die radioaktive Halbwertzeit von Strontium 90 aus unseren Atomreaktoren. Wir sind unfähig, uns derartige Parameter der Natur auch nur vorzustellen. Und dennoch treffen wir ständig Entscheidungen, deren Folgen sich über solch unübersehbar große Zeiträume hin erstrecken. Diese Überlegung, für die mir auch keine Lösung einfällt, bringt mich fast um den Verstand. Und wer weiß, vielleicht stehen wir erst am Anfang einer Entwicklung, deren nächster Schritt darin bestehen wird, das Leben, das wir zerstört haben, in der Retorte wieder künstlich zurückzuzüchten. Das wäre noch um vieles grausiger als das, was wir im Moment schon machen.

164

Die Sucht nach Macht und die Süchte

Sie erwähnten die Sexualität und die Aggression als wichtige Antriebe im menschlichen Leben. Ist nicht der Machttrieb, weil er unersättlich ist, der gefährlichste?

Ich glaube nicht, dass es einen eigenen Trieb zum Machtgewinn gibt. Alfred Adler hat mit Recht das übertriebene Machtstreben als Reaktion auf tiefe Minderwertigkeitsgefühle gedeutet. Jede Gruppe im Tierreich schon orientiert sich an einer Pyramide der Machtverteilung, die sich aus aggressiven Auseinandersetzungen um die Herrschaft heraus entwickelt. So stellt sich auch bei einer sozialen Gruppe von Menschen – bewusst oder unbewusst – die Frage, wer sie führt, in wessen Hand die Mitglieder die Lenkung ihres Verbandes legen sollen. Dabei formt sich eine Kaste von Mitarbeitern oder Beratern, die sogenannten „Betas", denen die Befehlsempfänger und ausführenden Organe, die „Gammas", untergeordnet sind. Diese Gliederung drückt sich zum Beispiel im aggressiven Verhalten eines Wolfsrudels aus. Es beginnt schon mit dem Blickkontakt, der unter anderem der Klärung von Machtpositionen dient. Genügt diese Form der Auseinandersetzung nicht, dann wird die hierarchische Ordnung durch Kämpfe festgelegt. Wenn herausgefunden wurde, wer das „Alpha"-Tier ist, wem die Gruppe folgen soll, dann erst ist das Rudel, mindestens für eine Weile, beruhigt.

Machtstreben ist also kein Trieb an sich, sondern ein Streben nach leitenden Positionen. In diesem Rahmen haben aggressive Auseinandersetzungen ihre Funktion. Die Kontrollfunktion des „Alpha"-Tiers über die einzelnen Gruppenmitglieder steht schon im voraus fest. Das heißt keineswegs, dass mit der Führungsrolle alle Rechte und keinerlei Pflichten verbunden sind. In gewissem Sinne kann man sogar sagen, dass der Leiter einer Gruppe der unfreieste von allen ist. Er ist in ein Bündel von Regeln eingebunden. So muss er sich selbst an die Normen halten, die er verkörpert. Auch muss er Übertretungen bestrafen, damit die Normen ihre Geltung behalten. Bei menschlichen Verbänden zeigt es sich, dass der Leiter einer Gruppe, dem man das Amt sozusagen zuschiebt, derjenige ist, der die wahren Interessen der Gruppenmitglieder intuitiv erfasst.

Ihnen schwebt also ein anders Machtmodell vor als das einer Ellenbogengesellschaft, in der sich der Stärkere rücksichtslos durchsetzt?

Ja. Zum Beispiel wird bei einer Bauarbeitergruppe von zehn Leuten nicht automatisch der Polier der Vorgesetzte sein. Der wahre Führer dieser Gruppe ist derjenige, der morgens um acht Uhr herausfindet, wie viele Kubikmeter verbauten Steinmaterials an einem heißen Julitag von den Arbeitern wirklich bewältigt werden können. Also besteht die Fähigkeit des Führers hauptsächlich darin, herauszufinden, worum es für die Gruppe wirklich geht. Das heißt, der Leiter nimmt durch seine Sensibilität und persönliche Anteilnahme auf die Gruppe Einfluss. Ich assoziiere Macht also nicht nur mit kräftigen Ellenbogen, mit jemandem, der sich gegen alle anderen durchsetzt und dann praktisch mit breitem Gesäß auf dem Thron Platz nimmt.

Wo bleibt dabei die unleugbare gefährliche Seite des Machtstrebens?

Dieser Aspekt kommt hinzu, sobald wir es mit Menschen zu tun haben, für die Machtgewinnung lebensnotwendig ist, die versuchen, dadurch ihr seelisches Gleichgewicht zu gewinnen. Macht wird für solche Menschen gewissermaßen zum Lebenszweck. Unter solchen Voraussetzungen müssen wir tiefenpsychologisch natürlich an gestörte Charakterbildungen denken, an unausgeglichene Menschen, die mit sich selbst nicht im Einklang sind. Solche Persönlichkeiten brauchen entweder die Zustimmung oder die Unterdrückung großer Menschenmassen, um ihren eigenen Wert zu erleben, um ihre eigene Bedeutung zu spüren – all die Dinge, die ihnen eigentlich fehlen.

An dieser Stelle gibt es eine eigentümliche Verbindung, eine Gleichung förmlich zwischen Macht und Amt. Es ist möglich, in völliger bürgerlicher Anpassung, praktisch unter Aussparung der eigenen Persönlichkeit – als Beamter, als Bürokrat – eine Machtperson zu werden. Als Individuum, als Einzelmensch ist man im Grunde eine Null, aber das Amt, die Aufgabe, eben die Macht verleiht einem in den Augen der anderen eine Wichtigkeit, die man sonst überhaupt nicht hätte.

Plötzlich ist man Bischof, oder man ist Filialleiter, Chefarzt oder Bundeskanzler, irgend etwas also, das einen davor beschützt, als die Nichtigkeit entlarvt zu werden, die man ohne diese Macht ist. Das ist es, was Alfred Adler eigentlich vor Augen hatte und was auch in Ihrer Frage anklingt: ob die Macht eine grenzenlose Bedürftigkeit ist. Dahinter aber versteckt sich eine neurotische Struktur der Angst, die zwei verschiedene Ebenen verwechselt: Man sucht nach der Bedeutung der eigenen Persönlichkeit, indem man diese Bestätigung in der Macht sucht. Man meint also, den Wert der eigenen Persönlichkeit im Allerunpersönlichsten zu finden. Dadurch wird man notgedrungen süchtig, indem man nach etwas mit Mitteln sucht, die das, was man will, nie herbeiführen können. Deshalb werden diese Mittel ja auch ins Maßlose hin ausgedehnt.

Als Bild von jemandem, der grenzenlos übertreibt, bis alles Ge-
wünschte wieder verschwindet, könnte man an das Märchen vom „Fi-
scher und seiner Frau" denken, von jener Frau, die nie zufrieden war
und die dann alles, was sie bekommen hatte, doch wieder verlor...

Dies nennt man in der Tiefenpsychologie das „materielle
Missverständnis". Kinder werden so erzogen, dass ihnen die
Eltern statt der lebensnotwendigen Zuwendung und Liebe
bestimmte Gegenstände in die Hände und in den Mund drücken, um so ihre Zuneigung auszudrücken. Die Kinder spüren natürlich, dass sie auf diese Weise weder Liebe noch Geborgenheit bekommen, und lernen, den Wunsch nach Liebe
mit materiellen Gaben zu verbinden. Noch einen Schritt
weiter führt das dahin, Besitz mit Liebe und Geborgenheit
zu verwechseln. Am Ende einer solchen Entwicklung, die
eine echte Suchtstruktur ist, steht dann die Droge, in die
man flüchtet, auf der Suche nach Geborgenheit. Dieses materielle Missverständnis nötigt dazu, die menschliche Begegnung durch materielle Dinge zu ersetzen. Schauen wir
unsere materialistische Gesellschaft an, dann finden wir, dass
diese Entfremdung des Menschen von sich selbst ständig zunimmt, dass er wesenlose Dinge, Konsumgüter an die Stelle persönlicher Beziehungen setzt.

Will dieses Grimmsche Märchen nicht auch sagen, dass es schwer zu
wissen ist, was zu wünschen dem Menschen gut tut?

Ja, das stimmt. Da ist ein Fisch, tiefenpsychologisch ein Symbol für eine Regeneration im Unbewussten, für Lebensvor-
gänge in der Tiefe, die dem Menschen eine Fülle an Glück
schenken könnten. Aber ein Hauptproblem dieses Mär-
chens beginnt schon damit, dass die Frau nicht glücklich sein
kann, weil sie nicht weiß, woher ihr Glück eigentlich
stammt. Auch das erlebe ich in unserer Gesellschaft sehr häu-

fig, dass wir das Leben durch Theorien über das Leben ersetzen. Wir wollen ständig etwas wissen, statt das Leben wirklich zu vollziehen. Schon dadurch entsteht ein Suchtgefälle. Wir erstreben ein Glück und kommen dabei über eine Theorie vom Glück nicht hinaus.

So lesen wir zum Beispiel in irgendeinem Buch, was Liebe sein soll, was körperliches Glück ist. Dann merken viele in ihren persönlichen Erfahrungen, dass sie das, was hier als „Liebesglück" beschrieben wird, gar nicht leisten können, und werden impotent. Nur das, was wir wirklich fühlen, macht uns glücklich. Was für uns stimmt, nicht was wir nach fremden Vorstellungen meinen leisten zu müssen. Aber oft finden wir dahin nicht mehr zurück, denn die einfachsten Dinge stimmen nicht mehr, und wir werden unfähig zu einfachen Formen der Zärtlichkeit. Wir wollen ständig verkrampft etwas zeigen und demonstrieren damit nur, dass wir es nicht erreichen können, weil wir es zu sehr wollen. Deswegen kommt dann oft die echte und absichtslose Begegnung zwischen zwei Menschen überhaupt nicht zustande.

In dem Grimmschen Märchen zerstört die Frau, an deren Seite der Fischer wie ein willenloser Lakai erscheint, in ihrer Maßlosigkeit alles. Wer sein Glück in immer größerer Machtfülle sucht, findet nie ein Ende und steht schließlich ganz leer und armselig da – das ist die Lehre dieser Geschichte.

Das Ich im Meer des Unbewussten

Sie reden dem subjektiven Empfinden des Individuums das Wort. C. G. Jung hingegen meinte, es sei ein „unheilvolles Missverständnis", die menschliche Psyche als eine rein persönliche Angelegenheit zu betrachten und sie ausschließlich von einem rein subjektiven Gesichtspunkt her zu erklären.

Der Akzent liegt gerade bei C. G. Jung sicher auf dem Wort „ausschließlich". Jung hat gegenüber der Freudschen Formulierung „wo Es war, soll Ich werden" ganz zu Recht darauf hingewiesen, dass auch das Ich nur wie eine Insel des Bewusstseins im Meer des Unbewussten erscheint. Auch was wir von unserem Bewusstsein wissen, kann ja nicht das ganze Leben erfassen, sondern ist in der Tat sehr relativ und an den jeweiligen Standpunkt gebunden. Insofern macht es Sinn, mit C. G. Jung darauf hinzuweisen, dass wir als Ziel der Individuation nicht die „Ich-Durchsetzung" oder gar den Egoismus, sondern die Selbstwerdung sehen sollten.

Was verstehen Sie unter Selbstwerdung?

Mit Selbstwerdung ist der Zustand der Verschmelzung gemeint, bei dem das Individuelle, das Persönliche eins wird mit dem Kollektiven. Sowohl in der eigenen Psyche als auch in Beziehung zu anderen Menschen hebt sich die Spannung zwischen dem Persönlichen und dem Allgemeinen dann auf. Diesen Zustand möchte ich als „künstlerisches Schaffen" oder als religiöse Einheitserfahrung beschreiben, denn dabei wird das Allerpersönlichste so ausgedrückt, dass es zum Allgemeinbesitz werden kann. Und umgekehrt: Die Bewusstseinslage des Allgemeinen läuft durch die Passage des Individuellen so intensiv ab, dass die Antwort des eigenen Lebens auch zur Antwort auf die Fragen aller werden kann. Was C. G. Jung betrifft, so muss man ergänzen, dass er vor allem nach 1945 durch die Erfahrungen mit dem Dritten Reich manche seiner Standpunkte, man möchte sagen, förmlich widerrufen hat. Da hatte er begriffen, dass die Entpersönlichung des „Ich" durch die Massenpsychologie zur drohenden Gefahr für jede Kultur am Ende des 20. Jahrhunderts wird. Diese unheimliche Möglichkeit haben wir in unserem Jahrhundert vielleicht klarer begriffen als Menschen vergangener Zeiten. Das mag auch daran liegen, dass die persönliche Verantwortung, die individuelle Zuständigkeit, von Parolen des Dritten Reiches wie „Du bist nichts, dein Volk ist alles" vollständig aufgesogen worden ist. Und schon damals stellte sich die Frage: Was für ein Volk ohne Menschen soll das sein? Jung hat immer wieder betont, dass moralisches Handeln an das individuelle Gewissen und an die Persönlichkeit gebunden ist. Auch die katholische Kirche müsste das wohl irgendwann begreifen.

Sie plädieren immer wieder für eine Entrümpelung der schwerfälligen Theologensprache. Aber gibt es nicht genauso unverständliche Sprachspiele der Psychologen?

Ganz sicher. Die Kunst Sigmund Freuds bestand gerade darin, dass er dank seines glänzenden Sprachvermögens Begriffe prägte, die verständlich sind und die sich vorzüglich für die Analyse eignen. Freud bemühte sich, genauso wie seine Patienten zu reden, vor allem so, dass sie ihn auch verstehen konnten. Man kann sogar sehen, dass Freud viele seiner Theorien den Gedanken und Gefühlen seiner Patienten bis aufs Wort genau abgelauscht hatte. Wird die Sprache so verstanden, dann ist sie in sich selbst heilsam. Die Patienten können dann besser verstehen, was ihre Krankheit in ihnen bewirkt. Sie bekommen so die Möglichkeit, auf ihre Heilung selber einen günstigen Einfluss zu nehmen. Es wäre daher ein großer Fehler, wenn sich die Sprache der Psychoanalyse oder der Tiefenpsychologie in ein Fachchinesisch verwandeln würde, das nur mehr von Ärzten und Analytikern verstanden wird.

Da bestünde dann die Gefahr, dass die Psychoanalyse zu dem von Ihnen oft kritisierten „Herrschaftswissen" würde.

Ja, denn wenn man beginnt, kunstvolle Begriffe zu prägen, die dem allgemeinen Verständnis entzogen sind, stellt man die eigene Fachwissenschaft sozusagen auf ein Podest. Eine solche Sprache wird dann für die eigene Macht missbraucht und dient nicht mehr den anderen Menschen. Es gibt dennoch einen entscheidenden Unterschied zwischen der Sprache der Theologen und der Psychologen. Die psychologischen Begriffe stammen in der Regel aus nachprüfbaren Erfahrungen. Die Theologie aber ist grundsätzlich jedem Experiment entzogen und verführt dazu, in Begriffen zu reden, die zu nichts anderem nütze sind, als sich selbst zu erklären. Mit anderen Worten, man ergeht sich in Haarspaltereien und konstruiert willkürlich irgendwelche dogmatischen Unterscheidungen.

Damit sind wir bei Goethes Faust angelangt: Mephisto erklärt dem suchenden Scholaren, dass die Kunst der Theologie gerade darin bestünde, überall dort, wo Begriffe uns fehlen, die richtigen Worte zu erfinden. Man redet dann dauernd über Dinge, die man sowieso nicht mehr versteht – ein Scheinwissen und eine Scheingelehrsamkeit zur Einschüchterung des Volkes.

Hier wird man an Wittgensteins berühmten Satz erinnert: „Worüber man nicht reden kann, darüber sollte man schweigen."

Ja, die Formel aus dem „Tractatus logico-philosophicus". Er hat dann allerdings hinzugefügt, es gibt auch Unsagbares: die Mystik.

Die Sprache der Theologen aber harrt seit vielen hundert Jahren ihrer Entrümpelung. Über die Goethezeit hinaus besteht also ein riesiger Bedarf, die bösen Geister und Spuk-

172

gestalten zu vertreiben. Indem man sozusagen das „Wittgensteinsche Rasiermesser" – in Anlehnung an das mittelalterliche Ockhamsche Rasiermesser – darübergehen lässt. William Ockham hat schon im 14. Jahrhundert die Meinung vertreten, dass Begriffe immer etwas ganz Bestimmtes ausdrücken sollten, das auch in der Wirklichkeit nachprüfbar sein muss. Besonders sollte man Begriffe nicht noch unnötigerweise vermehren.

Um nochmals über die Psychologie zu sprechen: Sie meinen, dass in der Psyche „sich selbst ordnende Strukturen" angelegt seien. Wo bleiben dann die unpersönlichen Kräfte, die auch im Unbewussten wohnen und vor denen sich der Mensch nicht grundlos fürchtet?

Sigmund Freud hat wohl recht, wenn er meint, dass vielerlei Unordnung im Unbewussten entsteht, weil wir ständig dort Einfluss nehmen wollen, wo wir es nicht tun sollten. Wir verdrängen viel zuviel aus dem Alltagsgeschehen und erleben dann, dass aus dem Unbewussten diese Inhalte als Störungen, als etwas Chaotisches sich wieder zurückmelden. Tatsächlich besteht ja die Leistung der Psychoanalyse gerade darin, gezeigt zu haben, wie viele Selbststeuerungsvorgänge im Unbewussten existieren. Das Großartige der psychoanalytischen Grundhaltung scheint mir darin zu liegen, dass man besonders einem kranken Menschen zutraut, dass er im Grunde eine Seele besitzt, die genau weiß, was gut für sie ist – wenn man sie nur endlich in Ruhe lässt. Die Psychoanalyse ist eine Kunst, die darin besteht, dem anderen nicht dauernd ins Gewissen zu reden, sondern, im Gegenteil, ihn reden zu lassen. Dem leidenden Menschen wird so eine Sprache ermöglicht, mit der er seine Erlebnisse, seine Erfahrungen, das bis dahin aus lauter Angst Unsagbare und Abgespaltene ausdrücken kann.
Diese Entdeckung von Sigmund Freud am Ende des 19.

Jahrhunderts ist für die gesamte Menschheit von größter Bedeutung. Freud erkannte, dass die geduldige Begleitung, das Vertrauen in die selbststeuernden Kräfte der menschlichen Psyche ausreichen, um Menschen wieder gesund werden zu lassen, seelisch, aber auch körperlich.

Ich mag nicht glauben, dass uns die Natur so fehlleitet, dass wir unser Unbewusstes wie etwas Chaotisches, etwas Dämonisches fürchten müssten. Ganz im Gegenteil, was wir außerhalb des Verdrängten, in der Fülle von Affekten, von Gefühlen, von Sehnsüchten, von Bildern vorfinden, hat ja einen Sinn gehabt in den Jahrmillionen der Evolution; es hat zu den Überlebensstrategien auf dem Weg der Menschwerdung beigetragen.

Aber ist nicht auch hier die Ungleichzeitigkeit, das Tempo also, mit dem wir uns von unserem Erbe entfernen, das Hauptproblem?

Freilich. Beispielsweise führen wir heute immer noch Kriege aufgrund archaischer Handlungsimpulse, die über viele hunderttausend Jahre sinnvoll waren. Bereits die Dinosaurier verteidigten ihr Revier, um die eigene Nachkommenschaft zu schützen. Tatsächlich führen wir 200 Millionen Jahre später immer noch Kriege nach diesem Programm der Echsen. Wir streiten uns über bestimmte Landesgrenzen, also Revierabteilungen, und das Hauptmotiv, warum die „Männchen" in den Krieg ziehen, liegt in der Verpflichtung, Frauen und Kinder zu beschützen. Die Fahne und der Schutz von Schutzlosen waren ja auch das Motiv, das verantwortungsbewusste und anständige Menschen vor mehr als 50 Jahren mit der Großdeutschen Wehrmacht in den Krieg ziehen ließ. Dabei sind auf der russischen Seite dann 25 Millionen Menschen getötet worden. Hier wurde ein ursprünglich sinnvolles Motiv, ein sinnvoller Handlungsimpuls, in sein Gegenteil verwandelt.

Und das gilt von jedem Krieg heute. Immer noch wird die Bereitschaft zum Krieg schon den 18-Jährigen zur Pflicht gemacht, indem man sie fragt: „Was würdest du tun, wenn du siehst, wie eine Frau im Park überfallen wird?" Natürlich würde man versuchen, die Frau zu schützen. Aber was heute Krieg heißt, ist etwas ganz anderes. Es besteht, im Bild gesprochen, darin, zur Rettung der Frau im Park das Haus des Täters in die Luft zu sprengen und alle Frauen und Kinder in dem Gebäude unterschiedslos zu töten. Alle ursprünglichen Motive werden in der modernen Kriegführung pervertiert.

Sollte nicht gerade der Instinkt uns helfen, in unbekannten Situationen das Richtige zu tun?

Natürlich, aber es ist möglich, diese instinktive Vorgabe zu verunsichern oder völlig auszuschalten, so dass das Individuum hilflos an ein Geschehen ausgeliefert ist. Um ein Beispiel geben: Man hat bei Schimpansen im Zoo beobachtet, was passiert, nachdem sie ein Junges zur Welt gebracht haben. Der Schmerz der Geburt würde sie eigentlich dazu treiben, sich an dem Neugeborenen zu rächen. Die Natur aber hat mittels einer bestimmten Reflexhandlung dafür gesorgt, dass sie das genaue Gegenteil tun. Die Schimpansenmütter drücken das Junge nach der Geburt sofort an ihre Brust. Wachsen Schimpansen unter künstlichen Zoobedingungen auf, dann bleibt dieser ursprüngliche Impuls zwar bestehen, aber er wird unter Umständen völlig sinnlos. Die Schimpansin nimmt dann nicht das Neugeborene auf, sondern ihre eigenen Plazenta.
Es liegt nahe, entsprechende Vergleiche zwischen Patienten in modernen Krankenhäusern und den in ihrem Instinkt durcheinandergeratenen Zootieren anzustellen. So hat man vor reichlich zwanzig Jahren mit großem Stolz die Hygiene

in den Kinderabteilungen der Kliniken beschworen. Man hat die Neugeborenen gar nicht früh genug von ihren eigenen Müttern trennen können. Niemand hat sich darum geschert, wie stark die Natur das Unbewusste von Mutter und Kind miteinander verknüpft hat. Instinktiv drückt auch eine Menschenmutter ihr Kind an sich, und zwar auf ihre linke Seite. Warum verhält sich die Mutter gerade so? Vermutlich, damit das Baby noch den Herzschlag seiner Mutter hören kann und sich dadurch sein Trennungsschmerz lindert. Es hört dieselben Geräusche weiter wie vor der Geburt, es spürt Schutz und Geborgenheit. Dieser Mechanismus funktioniert aber nur ganze vierundzwanzig Stunden lang. Nach diesem Zeitraum ist es für Wöchnerinnen unwichtig, ob sie ihre Kinder auf dem linken oder rechten Arm tragen. Allgemeiner gesagt: Alle Instinkthandlungen sind an bestimmte Szenen und Begebenheiten gebunden, so dass sie durch die Veränderungen unserer Welt irritiert, frustriert und pervertiert werden können.

Ist das Unbewusste also auch vom Zeitablauf abhängig?

Ja. Und das ist besonders wichtig für die Lernpsychologie, gerade weil sich große Teile des Gehirns erst außerhalb des Mutterleibs entwickeln. Die Natur muss uns davor bewahren, alle Eindrücke als gleichermaßen wichtig aufzunehmen. Sie legt, quer über den Tag verteilt, eine bestimmte Hierarchie von Bedürfnissen wie Essen, Bewegung, Schlafen usw. fest. Und ganz wichtig: Sie legt entsprechend der Hirnentwicklung beim Säugling und Kleinkind sehr genau die Abschnitte und die Reihenfolge dessen fest, was gerade gelernt werden soll. Nicht nur das Wie, auch das Wann des Lernens ist weitgehend vorprogrammiert. Deshalb ist die psychische Entwicklung von der Natur selber in bestimmten Mustern vorgegeben, die einander ablösen.

Die richtige Reihenfolge dieser Lernschritte läuft vollkommen unbewusst ab. Das Kind sieht in die Augen der Mutter, es saugt, es lernt sich anzuklammern, zu strampeln, zu krabbeln und schließlich zu laufen. Und eines Tages lernt es „nein" zu sagen. In der Kinderpsychologie hat man von den Zusammenhängen dieser Vorgänge erst seit höchstens fünfunddreißig Jahren eine ungefähre Vorstellung. Sehen Sie, all das führt uns zu dem Glauben, dass das Unbewusste alles andere als eine Büchse voll von chaotischen Miasmen, von Ausdünstungen ist. Es ist ganz im Gegenteil ein Steuerungssystem, das aus dem Erbe von vielen Jahrtausenden und Jahrmillionen überaus weise arbeitet. Das Unbewusste scheint übrigens viel vernünftiger zu sein als alle unsere Lehrbücher der Kindererziehung, durch die Eltern oft völlig durcheinandergebracht werden. Daraus entsteht dann eine zunehmende Entfremdung der Gefühle.

Spiegelt sich diese „Entfremdung der Gefühle" nicht auch in einer für unsere Gesellschaft typischen Unterhaltungssucht wider?

Ich glaube, diese Gefahr ist sehr groß. Was ich in der Tat sehr fürchte, ist der Zynismus im Umgang mit Gefühlen. Ich bin zutiefst davon überzeugt, dass, wer über die Liebe nicht mehr anders zu sprechen weiß als in objektivierenden Begriffen, in gewissem Sinne aufhört, ein Mensch zu sein. Und dann bleibt uns zur Tarnung gar nichts mehr übrig als das Amüsement. Diese kalte Sprache über die Menschen, über die Welt, führt zu einer Entfremdung der Gefühle, die bis zur schizoiden Verzerrung deformiert werden kann. Thomas Mann hat in der Geschichte vom Hochstapler Felix Krull an einer Stelle beschrieben, was für eine alberne Tätigkeit es sei, einer Frau einen Kuss zu geben. Er schildert diesen Vorgang, wie sich die Lippen zweier Menschen berühren, völlig unbeteiligt als ein lachhaftes, unhygienisches, ja sinnloses Geschehen. Er fügt dann noch hinzu, der Arm einer schönen Frau sei aus der Greifkralle des Urvogels entstanden. Man braucht nur so zu reden, die Aussagen stimmen, aber alles ist nichts weiter als ein Witz. Eine menschliche Begegnung kann so nicht zustande kommen. Wichtig wäre eine Sprache, die sowohl den Gefühlen als auch dem Verstand gerecht zu werden vermag.

Die verlorene Sprachfähigkeit

Warum messen Sie der Sprache solch große Bedeutung bei?

Unter Sprache verstehe ich nicht nur die verbale Kommunikation, sondern jede Form der menschlichen Ausdrucksweise. Sigmund Freud hat recht, die Sprachfähigkeit entscheidet oft über Krankheit oder Gesundheit. Jeden Tag habe ich es mit Menschen zu tun, die für entscheidende Vorgänge des Lebens keine Worte finden. Die überhaupt nicht ausdrücken können, was in ihnen vorgeht, und denen deshalb ganze Bereiche ihrer Seele entzogen sind. Sie wagen nicht einmal, über das, was in ihnen vorgeht, nachzudenken, geschweige denn, es auszusprechen. Freud kam daher zu dem Schluss: Eine Verdrängung ist mit dem Fehlen einer Wortvorstellung gleichzusetzen. Und umgekehrt kann der Heilungsvorgang mit dem Auffinden von Worten einsetzen, die ein bestimmtes Erleben zur Sprache bringen.
Die Psychoanalyse wird auch heute oft in naturwissenschaftlichem Sinne nicht anerkannt, weil ihre Sprache viel stärker hermeneutisch als objektivierend, eher wertend als versachlichend ist. Aber nur mit einer ursprünglichen, aus dem Alltagsleben stammenden Sprache kommt ein wirkliches Gespräch unter Menschen zustande. In der Therapie, der Heilung geht es ja gerade darum, dass die Hilfesuchen-

den sich bis in die tiefsten Schichten ihrer Gefühle hinein
angenommen und verstanden fühlen.

*Aber beginnt es nicht bereits in der Schule, dass wir nur lernen, über
objektive Tatbestände zu sprechen und den menschlichen Beziehungen weit weniger Wert beimessen?*

Die Kinder verbringen viele Stunden damit, zu lernen, mit
welchen chemischen, physikalischen, biologischen oder
mathematischen Begriffen sie die Welt bezeichnen sollen.
Doch weder im Deutsch- noch im Kunst- oder im Reli-
gions-Ethik-Unterricht können sich Heranwachsende darin üben, für ihre Gefühle eine angemessene Sprache zu finden. Ein Junge ist hilflos, wenn er einem Mädchen seine
Liebe gestehen möchte, einem Mädchen fehlen die richtigen Worte, um einen Liebesbrief zu schreiben. Diese Un-
beholfenheit im Austausch von Gefühlen, von Träumen,
von Sehnsüchten halte ich für ein wichtiges Zeichen dafür,
in welchem Zustand sich unsere heutige Kultur befindet.
Damit sind wir wieder bei dem Problem einer Sehnsucht,
die sich nicht erfüllt und so in die Sucht führen kann. Die
Liebe, nach der wir uns sehnen, bleibt uns oft vorenthalten,
und was wir finden, sind Ersatzwerte, die süchtig machen
können. Um eine Sucht zu durchbrechen, muss man
vordergründig zum Verzichten fähig sein, um das zu erreichen, was man wirklich möchte. Es geht irgendwie um das
Ende eines Selbstbetrugs. Man muss überzeugt sein, die Zu-
versicht haben, dass es sich lohnt, für bestimmte Werte ein-
zutreten.

*Fehlt dem modernen Menschen, der ständig um sich selbst kreist,
nicht auch die Demut — wie sie zum Beispiel in den gewaltigen
Kunstwerken der Romanik zum Ausdruck kommt, geschaffen von
namenlosen Künstlern zur Ehre Gottes?*

Daran ist sicher etwas Richtiges, dennoch fällt es mir schwer, Ihnen zuzustimmen. Die gesamte antike Kunst ist gewissermaßen ohne „Autor" geblieben. Sie finden schon im alten Ägypten eine Fülle von Skulpturen, von Fresken, Gravuren ohne irgend einen Namen. Diese Kunsthandwerker traten als Personen nicht in Erscheinung, sondern befolgten nur einen Regelkanon, der ihnen vorgegeben war.

In dieser Zeit, da haben Sie recht, verschwindet das Individuum hinter seiner sozialen Aufgabe. Das reicht bis in das Mittelalter hinein. Spätestens in der Neuzeit aber haben wir begriffen: Ohne die Entdeckung der freigesetzten Individualität wird der kulturelle Fortschritt verraten. Was soll das für ein Künstler sein, dessen Persönlichkeit sich nur nach fremden Regeln ausdrückt? Die Künstler damals hatten kaum eine persönliche Bedeutung, sie wurden vom mittelalterlichen Kosmos ja förmlich aufgesogen. Doch dann entdeckte man nicht zufällig in dieser Zeit die Gesetze der Perspektive in der Malerei. Man begriff, dass die Welt weder flächig ist, noch in einer symbolischen Konfiguration, einer bestimmten Stellung der Planeten oder einer bestimmten Architektonik in Kirche und Gesellschaft aufgeht. Damals begann eine individuelle Art, die Welt zu sehen, und seither ist es der subjektive Blick auf die Wirklichkeit, der darüber entscheidet, was man in der Wirklichkeit sieht. Und diese Sicht, diesen Schritt können wir nicht mehr rückgängig machen. Daran bleiben wir gebunden. Künstlertum ist seither gelebte Individualität. Es ist das Individuellste, das Lyrischste und Stärkste als Ausdrucksform auf der Suche nach Wahrheit. All diese künstlerischen Erfahrungen beziehungsweise religiös die prophetischen Aussagen kommen der Allgemeinheit zugute, auch wenn sich daraus zunächst oft Konfrontationen entwickeln.

Wie in Ihrem Fall? Robert Musil hat einmal gesagt, ohne die Heiden kein Papst, ohne den Papst auch kein Luther. Ohne Degenhardt kein Drewermann?

Ein Mensch ist doch nicht die Summe seiner Verneinungen, sondern umgekehrt: Er lebt von seinen Wünschen, seinen Intuitionen und seinen Sehnsüchten, allerdings auch von seinem Gegenüber.

Ich habe mir meinen Bischof nicht ausgesucht. Dies ist in der katholischen Kirche leider nicht möglich – aber auch dann wäre meine Geschichte wohl nicht anders verlaufen. Richtig ist, dass in der Person meines Bischofs sich ein Konflikt ausspricht, der von der Kirche so arrangiert und gewollt worden ist. Herr Degenhardt hat eine Form zu glauben, die William James als „Religiosität der robusten Denkungsart" beschreibt. Obwohl mir dieser Zugang fremd ist, begreife ich, dass es Menschen gibt, für die eine solche Frömmigkeit hilfreich sein kann. Diese Menschen würde ich selber mit meiner Sprache nicht erreichen. Selbst wenn ich das Amt dazu hätte, käme ich jedoch niemals auf die Idee, Menschen dieser Art aus der Kirche auszuschließen. Meine Sprache andererseits hilft wieder vielen anderen Menschen, mich aber grenzt man aus. In meinen Augen wäre Raum genug in der Kirche für alle Ansätze. Warum also bevorzugt diese Kirche den robusten Typ der Frömmigkeit und ist so intolerant gegen alle anderen Denkungsarten? Die Kirchenhierarchie hat einzig Interesse daran, sich an der Macht festzuhalten und daher ständig diesen einen Typ zu reproduzieren. All das begreife ich, es zeigt aber, wie die katholische Kirche strukturiert ist.

Sigmund Freud sagte dazu in den dreißiger Jahren: zwangsneurotisch. Er meinte damit ein Ensemble der Außenlenkung in Gestalt einer zentralen patriarchalen Autorität, der Triebunterdrückung und Freiheitseinschränkung sowie einer starken Ambivalenz des Frauenbildes zwischen Madonna und Hure. Zur Außenlenkung der Macht gehört die abergläubische Veräußerlichung des Glaubens. Da sind wir wieder am Anfang: Man verträgt es einfach nicht, den Glauben in poetischer Weise an die innere Erfahrung zu binden; denn dann würde man ja den Menschen freigeben. Um der eigenen Machterhaltung willen braucht man geradezu einen Gott, der dem Menschen fremd und unbegreifbar gegenübertritt und mit „Wundern" und „außergewöhnlichen" Taten sich beglaubigt. Nur ein Gott, der über den Wolken schwebt, rechtfertigt eine Kirche, in welcher Päpste und Bischöfe über den Menschen schweben und ihre Ämter magisch verfeierlichen.

Sie haben ein Buch über Giordano Bruno geschrieben. Sehen Sie da Parallelen zu Ihrem eigenen Fall?

Ja. Ich glaube, dass die katholische Kirche in Konfliktfällen wie dem meinen immer noch mit Unterdrückung und Ausstoßung reagiert. Es findet nach wie vor ein Machtkampf zwischen dem Individuum und dem System statt. So hat es Stefan Zweig schon Anfang des 20. Jahrhunderts beschrieben: Der Einzelne wird dem System stets unterlegen sein, aber in seinem Kampf der Menge ein Schauspiel bieten. An David und Goliath, an dem archetypischen Kampf zwischen Vater und Sohn hat die Menge allemal Gefallen. Denn es besteht ja die Möglichkeit, dass wider Erwarten auch einmal David siegen wird.

Giordano Bruno ist für mich das Beispiel eines Mannes, der vor 400 Jahren auf Grund der kopernikanischen Weltbeschreibung Fragen aus der Natur an die Religion gerichtet hat, auf die es bis heute noch keine vernünftigen Antworten gibt. In seiner genialen Intuition hielt Bruno es für zu simpel, Bewegungsvorgänge rein mechanisch, als ein äußeres Geschehen zu berechnen. In seiner Sicht erscheint die Welt als Organismus, in dem das kleinste Teilchen das beseelte Ganze in einer Wechselwirkung widerspiegelt. Das sind Gedanken, die angesichts der heutigen ökologischen Probleme außerordentlich modern anmuten. Damit hat er schon 200 Jahre vor Isaak Newton an eine Fragestellung gerührt, deren Bedeutung wir erst am Ende des 20. Jahrhunderts richtig zu verstehen beginnen.

Trotzdem hat, als Ende des 19. Jahrhunderts auf dem Campo di Fiori ein Denkmal zu Ehren von Giordano Bruno enthüllt wurde, der in seinem Urteil doch eher ausgewogene Papst Leo XII. es für notwendig empfunden, den Millionen Gläubigen zu sagen: „Der Mann hat für die Wissenschaft nichts bedeutet, auch sozial nichts von Wert bewirkt, sondern nur sich selbst gedient und andere in die Irre geführt." So stark kann die Wirkung des systematischen Hasses in der Kirche sein. Sie verbrennt Menschen, sie schweigt sie tot, und selbst die Erinnerung an solche Menschen duldet sie nicht. Da werden selbst die Grabsteine noch unter dem Bulldozer der kirchenamtlichhen Verdikte planiert. Und weil Bruno auf dem Index der verbotenen Bücher stand, ist er bis heute ein fast Unbekannter geblieben. Das ist schlimm und für mich schwer verzeihlich.

Es fällt Ihnen schwer, zu verzeihen?

Menschen verzeihe ich gern, aber einem System, das so ist, möchte ich abverlangen, dass es sich ändert. Ich kann es verstehen, aber ich kann ihm nicht länger seine Unmenschlichkeit durchgehen lassen.

Es bleibt mir die Hoffnung, dass immer mehr Menschen begreifen: Die Erlaubnis zum Leben hängt nicht ab von der Genehmigung der Kirche. Ich sehe, dass immer weniger gefragt wird: Bist du evangelisch oder katholisch?; nicht einmal: Bist du christlich?, sondern: Was für ein Mensch bist du? Und ich glaube, dies ist der ursprünglichen Botschaft Jesu viel näher als alle Kirchendogmatik und kirchliche Rechthaberei. Jesus hat die Menschen so gesehen, dass sie allesamt unterwegs sind zu einer Wahrheit, die in ihnen liegt, die sie aber nur finden können in einer Atmosphäre von Güte, von Verstehen und Menschlichkeit. Nichts anderes hat er gewollt. Jesus wollte keine auswendig gelernten Wahrheiten, sondern eine Lebensform, die auf Gottes Güte vertraut. Und dass die Menschen sich von der hergebrachten Form der Religion daran nicht mehr hindern lassen, macht mich glauben, dass wir eines Tages doch die Form von Frömmigkeit finden werden, die Jesus vorschwebte, als er das Reich Gottes lehrte.

Es ist die Kirche, die 2000 Jahre nach Christus uns der Bergpredigt nicht näher gebracht, sondern uns weiter von ihr entfernt hat denn je. Dies ist das ganze Problem.

Anmerkungen

1 Paris Match, 19. 3. 1992
2 Time, 24. 8. 1992
3 Cesare Marcheselli-Cesale: Von Drewermann lernen. Mit der Bibel auf der Couch. Leipzig 1992
4 Eugen Drewermann: Kleriker. Psychogramm eines Ideals. Olten 1989
5 Pater Basilius Streithofen in: Die Welt, 29. 9. 1991
6 Die Zeit, 5. 8. 1988
7 Vgl. Spiegel Spezial, Nr. 3, 1992
8 Der Spiegel, 15. 6. 1992
9 Frankfurter Allgemeine Zeitung, 17. 3. 1992
10 Sonntagsblatt, 9. 6. 1991
11 Josef Sudbrack: Eugen Drewermann – Um die Menschlichkeit des Christentums. Würzburg 1992, S. 61
12 Die Woche, 13. 4. 1995
13 Sonntagsblatt, 22. 11. 1987
14 Psychologie heute, 6/1990
15 Felicitas Rohrer in: Neue Westfälische Zeitung, 9. 4. 1992
16 Die Welt, 15. 8. 1991
17 Renate Köcher im Gespräch mit Felizitas von Schönborn: Die Kirchen machen heute einen traurigen Eindruck. In: MUT, Juli 1994
18 Bild, 12. 9. 1992
19 U. Birnstein und K. P. Lehmann: Phänomen Drewermann. Frankfurt a. M. 1994, S. 111
20 Siehe Anm. 14
21 Eugen Drewermann: Das Matthäusevangelium. Bd. I. Olten 1992, S. 661
22 Ebd., S. 411
23 Ebd., S. 384
24 Jeanne Hersch im Gespräch mit Felizitas von Schönborn. In: Informationes Theologiae Europae, Frankfurt 1992

25 Peter Eichler (Hrsg.): Der Klerikerstreit. München 1990, S. 328

26 Publik-Forum, Nr.15/1992

27 Der Spiegel, Nr. 52/1992

28 Vgl. Geld und Fortschritt – ein „Pakt mit dem Teufel"? in: Alfred Zänker: Epoche der Entscheidungen. Asendorf 1992

29 Eugen Drewermann: Worum es eigentlich geht. München 1992, S. 289

30 Vgl. Stuttgarter Zeitung, 30. 11. 1988

31 Sören Kierkegaard: Die Tagebücher. München 1974

32 Eugen Drewermann: Das Markusevangelium. Bd. II. Olten 1988, S. 69 f., Anm. 19

33 Eugen Drewermann: Worum es eigentlich geht, a. a. O., S. 291

34 Ebd., S. 295

35 Ebd., S. 284

36 Ebd., S. 488

37 Felizitas von Schönborn: Sind Propheten dieser Kirche ein Ärgernis? Zürich 1991, S. 7

38 Hansjakob Stehle in: Die Zeit, 6. 11. 1992

39 Felizitas von Schönborn: Sind Propheten…, a. a. O., S. 47

40 Horst Herrmann (Hrsg.): Was ich denke. München 1994

41 Vgl. Myrna M. Weissman in: Die Welt, 3. 12. 1992

42 Eugen Drewermann: An den Früchten sollt ihr sie erkennen. Olten 1988, S. 108

43 Vgl. Marie-Louise von Franz: Der ewige Jüngling. Der Puer Aeternus und der kreative Genius im Erwachsenen. 2. Aufl., München 1992

44 Eugen Drewermann: Lieb Schwesterlein, laß mich herein. Rapunzel, Rapunzel, laß dein Haar herunter. München 1992, S. 13

45 Ebd., S. 7

46 Andreas Baumgarten: Träume und was sie bedeuten. Niederhausen 1992, S. 47 ff.

47 U. Birnstein und K. P. Lehmann: Phänomen Drewermann, a. a. O., S. 37

48 Josef Sudbrack: Eugen Drewermann, a. a. O., S. 26

49 Jüdische Rundschau, 5. 12. 1991

50 Gerd Lüdemann: Texte und Träume. Göttingen 1992, S. 14

51 Eugen Drewermann: Der tödliche Fortschritt. 6. Aufl., Regensburg 1990

52 Eugen Drewermann: Über die Unsterblichkeit der Tiere. Olten 1990, S. 29

53 Franz Weber im Gespräch mit Felizitas von Schönborn: Schutz der gesamten Schöpfung. In: MUT, Mai 1992

54 Der Spiegel, Nr. 52/1992

55 Felizitas von Schönborn: Sind Propheten…, a. a. O., S. 25 f.

56 Josef Sudbrack: Eugen Drewermann, a. a. O., S. 96

57 Eugen Drewermann: Kleriker, a. a. O., S. 26 f. und 39

58 Klaus Hoppe in: Pastoralblatt, Mai 1990

59 Marie-Louise von Franz: Erlösungsmotive im Märchen. München 1991, S. 56

60 Vgl. Die Woche, 13. 4. 1995

61 Siehe Anm. 17

62 Zit. nach Josef Sudbrack, Eugen Drewermann, a. a. O., S. 12

63 Heiner Boberski: Die Divisionäre des Papstes. Salzburg 1992, S. 8

64 Berliner Zeitung, 14. 9. 1994

65 Friedrich Nietzsche: Der Wille zur Macht. Leipzig 1917, S. 1

66 Vgl. Felizitas von Schönborn: Die Lumpensammlerin Gottes. In: MUT, Dezember 1991

67 Ludwig Klages: Der Geist als Widersacher der Seele. Leipzig 1929

68 Profile der Courage. In: Die Welt, 29. 12. 1992

69 Georg Fehrenbacher: Drewermann verstehen. Olten 1991, S. 282

70 Ebd., S. 84

71 Karl Popper: Offene Gesellschaft - Offenes Universum. München 1982, S. 9 f.

72 Dieter J. Opitz in: Berliner Morgenpost, 27. 12. 1992

73 C. F. von Weizsäcker im Gespräch mit Felizitas von Schönborn: Bilder als helfende Hoffnung. In: MUT, Juli 1992

Literaturverzeichnis

Baumgarten, Andreas: Träume und was sie bedeuten. Niederhausen 1992

Birnstein, U. und K. P. Lehmann: Phänomen Drewermann - Religion und Politik einer Kultfigur. Frankfurt a. M. 1994

Boberski, Heiner: Die Divisionäre des Papstes. Bischofsernennungen unter Johannes Paul II. Salzburg 1992

Canetti, Elias: Masse und Macht. Düsseldorf 1960

Dalai Lama / Eugen Drewermann: Der Weg des Herzens. Gewaltlosigkeit und Dialog zwischen den Religionen. Olten 1992

Drewermann, Eugen: Strukturen des Bösen. 3 Bde. Paderborn 1978

–: Der tödliche Fortschritt. Von der Zerstörung der Erde und des Menschen im Erbe des Christentums. Regensburg 1981

–: Der Krieg und das Christentum. Regensburg 1982

–: Psychoanalyse und Moraltheologie. 3 Bde. Mainz 1982-1984

–: Tiefenpsychologie und Exegese. 2 Bde. Olten 1984-1985

–: Freispruch für Kain? Über den Umgang mit Schuld (gemeinsam mit M. Helfer und G. Höver). Mainz 1986

–: Das Markusevangelium. Bilder der Erlösung. 2 Bde. Olten 1987-1988.

–: „An ihren Früchten sollt ihr sie erkennen." Antwort auf Rudolf Peschs und Gerhard Lohfinks *Tiefenpsychologie und keine Exegese*. Olten 1988

–: Wort des Heils - Wort der Heilung. 3 Bde. Düsseldorf 1988 - 1989

–: Kleriker. Psychogramm eines Ideals. Olten 1989

–: Ich steige hinab in die Barke der Sonne. Alt-Ägyptische Meditationen zu Tod und Auferstehung. Olten 1989

–: Reihe: Grimms Märchen tiefenpsychologisch gedeutet (Das Mädchen ohne Hände; Der goldene Vogel; Frau Holle; Schneeweißchen und Rosenrot; Marienkind; Die Kristallkugel; Die kluge Else / Rapunzel; Der Trommler; Brüderchen und Schwesterchen; Der Herr Gevatter / Der Gevatter Tod / Fundevogel; Aschenputtel; Die zwei Brüder; Schneewittchen; Hänsel und Gretel; Der Wolf und die sieben Geißlein / Der Wolf und der Fuchs). Olten 1985-2000. Als Taschenbuch: Lieb Schwesterlein, laß mich herein; Rapunzel, Rapunzel, laß dein Haar herunter. München 1992

−: Über die Unsterblichkeit der Tiere. Hoffnung für die leidende Kreatur (mit einem Geleitwort von Luise Rinser). Olten 1990

−: Reihe: Predigten (Der offene Himmel; Leben, das dem Tod entwächst; Zwischen Staub und Sternen; Daß alle eins seien; Wenn der Himmel die Erde berührt; Und legte ihnen die Hände auf). Düsseldorf 1990-1993

−: Was uns Zukunft gibt. Vom Reichtum des Lebens (hrsg. v. Andreas Heller). Olten 1991

−: Milomaki oder vom Geist der Musik. Eine Mythe der Yahunaindianer. Olten 1991

−: Reden gegen den Krieg. Düsseldorf 1991. Neuaufl. 2001

−: Die Botschaft der Frauen. Das Wissen der Liebe. Olten 1992

−: Das Matthäusevangelium. Bilder der Erfüllung. 3 Bde. Olten 1992-1995

−: Worum es eigentlich geht. Protokoll einer Verurteilung. München 1992

−: Giordano Bruno oder Der Spiegel des Unendlichen. München 1992

−: Glauben in Freiheit. 4 Bde. Olten 1993-1999

−: Das Eigentliche ist unsichtbar. Der Kleine Prinz tiefenpsychologisch gedeutet. Freiburg 1993

−: Das Individuelle verteidigen. Zwei Aufsätze zu Hermann Hesse. Olten 1995

−: Das Johannesevangelium. Olten 1997

−: Daß auch der Allerniedrigste mein Bruder sei. Dostojewski, Dichter der Menschlichkeit. Olten 1998

−: Die Liebe herrscht nicht. Goethes Märchen tiefenpsychologisch gedeutet. Olten 2000

−: Hat der Glaube Hoffnung? Die Zukunft der Religion. Olten 2000

–: Der Mensch braucht mehr als nur Moral. Olten 2001

–: Wozu Religion? Sinnfindung in Zeiten der Gier nach Macht und Geld (mit Jürgen Hoeren). Freiburg 2001

–: Krieg ist Krankheit, keine Lösung (mit Jürgen Hoeren). Freiburg 2002

–: Wie zu leben wäre. Ansichten und Einsichten (mit Richard Schneider). Freiburg 2002

Eibl-Eibesfeldt, Irenäus: Die Biologie des Verhaltens. Grundriß der Humanethologie. München 1986

Eicher, Peter (Hrsg.): Der Klerikerstreit. Die Auseinandersetzung um Eugen Drewermann. München 1990

Fehrenbacher, Gregor: Drewermann verstehen. Eine kritische Hinführung. Olten 1991

Frankl, E. Viktor: Der unbewußte Gott. Psychotherapie und Religion. München 1991

Franz, Marie-Louise von: Psychologische Märcheninterpretationen. München 1989

–: Erlösungsmotive im Märchen. München 1991

–: Der ewige Jüngling. Der Puer Aternus und der kreative Genius im Erwachsenen. 2.Aufl., München 1992

Freud, Sigmund: Massenpsychologie und Ich-Analyse. Leipzig 1923

Görres, Albert / Kasper, Walter (Hrsg.): Tiefenpsychologische Deutung des Glaubens? Anfragen an Eugen Drewermann. Freiburg im Breisgau 1988

Herrmann, Horst (Hrsg.): Was ich denke. München 1994

Hügli, Anton (Hrsg.): Philosophie im 20. Jahrhundert. Bd.1. Hamburg 1992

Jung, C. G.: Psychologie und Religion. München 1991

Kaufmann, Franz-Xaver: Ethos und Religion bei Führungskräften. München 1986

Klages, Ludwig: Der Geist als Widersacher der Seele. Leipzig 1929

Küng, Hans: Denkwege. Ein Lesebuch (hrsg. v. Karl Josef Kuschel). München 1992

Le Bon, Gustave: Psychologie der Massen (1895). Stuttgart 1968

Lehmann, Karl (Hrsg.): Rechenschaft des Glaubens. Ein Karl-Rahner-Lesebuch. Zürich 1979

Lüdemann, Gerd: Texte und Träume. Ein Gang durch das Markusevangelium in Auseinandersetzung mit Eugen Drewermann. Göttingen 1992

Marcheselli-Casale, Cesare: Von Drewermann lernen. Die Bibel auf der Couch. Leipzig 1992

Moscovici, Serge: Das Zeitalter der Massen. München 1984

Nietzsche, Friedrich: Der Wille zur Macht. Versuch einer Umwertung aller Werte (1887). Leipzig 1917

Noelle-Neumann, Elisabeth: Die verletzte Nation. Über den Versuch der Deutschen, ihren Charakter zu ändern. Stuttgart 1987

Orwell, George: Nineteen Eighty-Four. London 1949

Paulus-Akademie (Hrsg.): Opus Dei - Stoßtrupp Gottes oder die „Heilige Mafia"? Zürich 1992

Pfister, Oskar: Das Christentum und die Angst. Olten 1975

Popper, Karl R.: Offene Gesellschaft - Offenes Universum. Ein Gespräch über das Lebenswerk des Philosophen mit Franz Kreuzer. München 1982

–: Auf der Suche nach einer besseren Welt. München 1990

–: Die Zukunft ist offen (mit Konrad Lorenz). München 1985

Postmann, Neil: Wir amüsieren uns zu Tode. Urteilsbildung im Zeitalter der Unterhaltungsindustrie. Frankfurt a. M. 1985

Schönborn, Felizitas von: Schutz der gesamten Schöpfung (Interview mit Franz Weber). In: MUT, Mai 1992

–: Bilder als helfende Hoffnung (Interview mit Carl-Friedrich von Weizsäcker). Ebd., Juli 1992

–: Gespräch mit Jeanne Hersch. In: Informationes Theologiae Europae, Frankfurt a. M. 1992

–: Sind Propheten dieser Kirche ein Ärgernis? Eugen Drewermann im Gespräch mit Felizitas von Schönborn. Zürich 1991. Französische Ausgabe Paris 1994

–: Das Vertrauen des Herzens ist aller Dinge Anfang (Interview mit Frère Roger). In: Sonntag 52/53, 1992

–: Die Lumpensammlerin Gottes (Gespräch mit Schwester Emmanuelle von Kairo). In: MUT, Dezember 1991

Schweer, Thomas: Drewermann und die Folgen – Vom Kleriker zum Ketzer? Stationen eines Konflikts. München 1992

Sombart, Werner: Das ökonomische Zeitalter. Zur Kritik der Zeit. Berlin 1937

Steffahn, Harald: Albert Schweizer. Reinbek 1985

Störing, Hans Joachim: Weltgeschichte der Philosophie. München 1990.

Sudbrack, Josef: Eugen Drewermann. Um die Menschlichkeit des Christentums. Würzburg 1992

Weigert, Dedo: Mutter Erde – Bruder Himmel. Gelnhausen 1980

Zulehner, Paul M.: Das Gottesgerücht. Bausteine für eine Kirche der Zukunft. Düsseldorf 1987